Petra Stamer-Brandt

Wilde-Kerle-Spiele

Petra Stamer-Brandt

Wilde-Kerle-Spiele

HERDER

FREIBURG · BASEL · WIEN

www.herder.de

Umschlaggestaltung und -konzeption: SchwarzwaldMädel, Simonswald
Umschlagfoto: © Thomas Northcut – Thinkstock
Illustrationen: Klaus Puth, Müllheim
Layout, Satz und Gestaltung: Arnold & Domnick, Leipzig
Herstellung: fgb · freiburger grafische betriebe
www.fgb.de

Gedruckt auf umweltfreundlichem, chlorfrei gebleichtem Papier
Printed in Germany

ISBN 978-3-451-32482-6

Inhalt

Vorwort

In jedem Kind steckt ein wilder Kerl

Egal ob Junge oder Mädchen, ob sicht- und erlebbar oder noch im Verborgenen blühend: In jedem Kind steckt ein kleiner wilder Kerl. Zu entdecken ist der oft schon im zarten Alter von 12 Monaten, wenn das Kind zwar noch nicht sprechen, aber schon die kleinen Fäuste ballen und die Unterlippe vorschieben kann. Eltern kommen kaum zur Ruhe, weil ihr Kind jede Treppe erklimmt, auf jeden Stuhl oder Tisch steigt und auf ungestüme oder beharrliche Art und Weise die häusliche Umwelt erobert. Später suchen die dann etwas älter gewordenen Kinder andere prickelnde Erlebnisse. Sie wollen Papas Werkzeug einsetzen, die eigenen Stärken ausprobieren und messen. Sie wollen wissen, ob sie es schaffen, über den kleinen Bach zu springen und über Nachbars Zaun zu klettern. Sie sind neugierig darauf festzustellen, ob Nachbars Hund wirklich beißt, wenn man ihn ein bisschen ärgert, und was wohl passiert, wenn man mit den Streichhölzern aus der Küchenschublade zündelt.

Kinder brauchen Abenteuer, erleben aber immer seltener wirklich welche. Sie verbringen viel Zeit vor dem Fernsehgerät und der Spielkonsole und wenig Zeit mit lebhaftem und anregendem Spiel in Gesellschaft anderer Kinder. Das ist aber notwendig für eine gesunde Entwicklung.

Kinder brauchen:

- Bewegung, um ihren Körper beherrschen zu lernen;
- Kooperationserfahrungen mit anderen Kindern, um sich selbst einschätzen und Selbstwert entwickeln zu können;
- Abenteuer, um Stärken und Grenzen kennenzulernen;
- andere Kinder, um Gruppenzusammengehörigkeit und Kooperation zu erleben und zu erlenen;

- Herausforderungen, die sie bewältigen können, um durch Erfolgserlebnisse gestärkt zu werden;
- Wertschätzung, die sie über die Bewältigung von spielerischen Herausforderungen erhalten.

Durch eine geeignete Spieleauswahl, entsprechende Spielimpulse und eine gestaltete Umgebung können die kleinen wilden Kerle (und damit sind auch Mädchen gemeint) in ihrer Entwicklung unterstützt und die noch schlummernden kleinen wilden Kerle aus ihrem Dornröschenschlaf erweckt werden.

Es geht in diesem Buch insbesondere um zwei Aspekte:

a) Das Angebot für Kinder, die den wilden Kerl, der in ihnen steckt, schon massiv ausleben und die Unterstützung bei der Kanalisation ihres Verhaltens brauchen.
b) Das Angebot, das zurückhaltende Kinder motiviert, aus sich herauszukommen, mutiger zu werden, Herausforderungen anzunehmen um daraus gestärkt hervorzugehen.

Monika Muprhy-Witt schreibt in ihrem Buch „Was Jungen brauchen“: „Ihr Sohn braucht jungengerechte Unterstützung. Denn in jedem kleinen Kerl steckt ein toller Typ! Er muss nur die Chance haben, seine ganz persönlichen Stärken zu entwickeln und in seiner Einzigartigkeit auch wahrgenommen zu werden – jenseits von Rollenklischees und falschen Erwartungen.“ (Muprhy-Witt, München 2007, S. 5)

Das gilt genauso für Töchter – und Jungs wie Mädchen brauchen dabei Unterstützung. Das ist nicht immer ganz einfach, weil die aufmerksamkeitsfesselnden Medien eine große Konkurrenz darstellen, weil natürliche abenteuerliche Bewegungsmöglichkeiten in zugeparkten und auf vielerlei andere Art beschränkten Außenräumen kaum noch möglich sind und weil in Einkind-Familien Geschwistererfahrungen fehlen.

Einen Ausgleich schaffen

Was also zu tun ist? Ganz einfach: Kindern viele attraktive, abenteuerliche, bewegungsreiche, herausfordernde Spiele und Aktivitäten anbieten!

Ob Eltern, Tagesmütter, ErzieherInnen oder LehrerInnen, sie alle können mit Kindern gemeinsam Abenteuer erleben und bewältigen, ihnen vorleben, dass es nicht nur abenteuerlich ist, unterm Sternenhimmel zu schlafen, sondern auch Spaß macht. Sie können den Kindern zeigen, ihnen fühl- und erlebbar machen, dass sie mehr leisten können, als sie sich selbst in den meisten Fällen zutrauen, dass mehr Energie, Witz, Geschicklichkeit, Kreativität und Mut in ihnen steckt als sie denken. Sie können nicht zuletzt auch ihren eigenen Bewegungs-Schweinehund überwinden, den Kindern damit ein Vorbild sein, sie anstecken und gleichzeitig wieder einmal etwas für sich selbst und ihren Körper tun.

Nutzen Sie die Angebote dieses Buchs so, wie es zu ihren Kindern, ihrer Situation passt. Bringen Sie wieder Bewegung in Kita, Hort, Schule, Familienleben und unterstützen Sie damit Ihre Kinder in ihrer Entwicklung.

Der Alltag der Kinder spielt sich in der Regel im beschränkten Raum eines Kinderzimmers, in spielzeugüberfluteten, mit didaktisch ausgeklügelten Beschäftigungsgegenständen und Möbeln vollgestellten Kita-Räumen, einförmigen Klassenzimmern und handtuchgroßen Vorgärten ab. Bieten Sie Kindern deswegen Spiele und Aktionen im Freien, gehen Sie in den Park, machen Sie einen Waldausflug, erobern Sie einen Abenteuerspielplatz und genießen Sie ein paar erlebnisreiche Stunden mit einem oder vielen wilden kleinen Kerlen.

Petra Stamer-Brandt

Wilde-Kerle-Spiele im Haus

Action und Spannung zwischen vier Wänden

Die folgenden Spiele sollen lustvolle Bewegungserfahrungen vermitteln und sind für drinnen geeignet, weil sie nicht viel Platz und wenig Material brauchen. Sie stellen auch im Winter oder bei schlechtem Wetter Alternativen zu ruhiger Beschäftigung oder Medienkonsum dar – denn Kinder brauchen Bewegung, Spielanreize und Herausforderungen das ganze Jahr.

Spielerisches Raufen, Ringen und Kämpfen fördert nicht nur die Bewegungslust, sondern trägt auch zum Regelverständnis bei, erweitert die soziale Kompetenz, die Akzeptanz von Regeln und von Fairness. Denn für alle körperintensiven Spiele gilt, dass feste Regeln von der Spielleitung vorgegeben werden und von den Kindern Rücksichtnahme eingefordert wird. So bietet sich den „Möchtegernwildenkerlen" Gelegenheit, für kurze Zeit ein echter wilder Kerl zu sein. Das gilt auch für Mädchen.

Den wilden Kerl wecken

Alter: ab 3 Jahren
Mitspieler: ab 2 Kindern
Spieldauer: ca. 10 Minuten

Die Spielleitung schlüpft in die Rolle des wilden Kerls und stellt sich schlafend. Die Kinder bekommen jetzt Gelegenheit, den wilden Kerl zu wecken. Das gelingt aber nur, wenn sie dafür eine ganz bestimmte Methode anwenden (am Ohrläppchen zupfen, an der Fußsohle kitzeln ...). Hat ein Kind die richtige Stelle/Methode erwischt, springt der wilde Kerl auf und versucht ein Kind einzufangen.

Toben auf der Luftballonmatte

Alter: ab 3 Jahren
Mitspieler: ab 1 Kind
Spieldauer: ca. 10 Minuten
Material: Bettbezug, viele Luftballons

Die Luftballons werden gemeinsam aufgeblasen, gut zugeknotet und in den Bettbezug gesteckt. Jetzt haben die Kinder ein wunderbares und auch stabiles Luftkissenbett, auf dem sich herrlich toben lässt und das man auch transportieren kann. Man kann darauf Purzelbaum schlagen, darauf herum hüpfen und es wie ein Trampolin benutzen.

Wilde Küchenmusik

Alter: ab 3 Jahren
Mitspieler: ab 2 Kindern
Spieldauer: ca. 10 Minuten
Material: Küchengeräte aller Art

Die Kinder suchen in der Küche geeignete „Instrumente“. Nachdem sie Töpfe, Löffel, Bretter, Siebe usw. zusammengetragen haben, geben sie ein lautes Konzert, zu dem sie auch aus voller Kehle singen können.

Den wilden Kerl ärgern

Alter: ab 3 Jahren
Mitspieler: ab 3 Kindern
Spieldauer: ca. 15 Minuten
Material: Stühle

Ein Kind spielt den wilden Kerl. Er steht schlafend im Raum und zwar mit offenen Augen. Der wilde Kerl ist völlig bewegungslos, zuckt nicht einmal. Er sieht ganz genau, was die anderen Kinder tun. Diese sind ganz mutig, sie wollen den wilden Kerl wecken. Das versuchen sie, indem sie allerlei Schabernack treiben. Sie schneiden Grimassen und machen Drohgebärden. Obwohl es sehr gefährlich ist, berühren die ganz mutigen Kinder den wilden Kerl. Sobald er aber berührt wird, beginnt er fürchterlich zu schreien, zu schimpfen und zu toben. Er versucht, sich einen Störenfried zu greifen. Gelingt ihm das, ist dieses Kind nun der wilde Kerl.

Der wilde Kerl kann nur beruhigt werden, wenn es einem Kind gelingt, auf einen Stuhl zu steigen und ganz laut zu rufen: „Ruhe, du wilder Kerl!“ Dann schläft der wilde Kerl sofort wieder ein und die mutigen Kinder beginnen wieder, ihn mit Hänseleien zu wecken.

Das Spiel bietet genau das richtige Maß an Spannung für die Kinder und ist geeignet, Mut und Selbstbewusstsein zu entwickeln, aber auch sich auszutoben und abzureagieren.

Mäuse am Käse

Alter: ab 4 Jahren
Mitspieler: ab 4 Kindern
Spieldauer: ca. 10 Minuten

Alle Kinder bis auf eines oder zwei (je nach Größe der Spielgruppe) sind die Mäuse.

Sie hocken in einer Ecke des Raums dicht beieinander, umarmen sich oder haken sich unter und tun so, als wären sie intensiv mit einem Stück Käse beschäftigt. Ein oder zwei wilde Kerle versuchen, die Mäuse vom Käse wegzuziehen. Gelingt ihnen das? Wenn ja, werden nun die Rollen getauscht.

Hinweis: Achtung! Auch bei diesem Spiel gilt es, Regeln des fairen Umgangs miteinander einzuhalten. Darüber wacht bei Bedarf die Spielleitung.

Sockenklau

Alter: ab 3 Jahren
Mitspieler: ab 4 Kindern
Spieldauer: 5–10 Minuten
Material: Socken

Mindestens vier Kinder sitzen ohne Schuhe auf einem Teppich. Sie tragen Socken an den Füßen, die leicht auszuziehen sind. Die Aufgabe der Kinder besteht jetzt darin, sich gegenseitig die Socken zu klauen. Auf ein Startzeichen der Spielleitung hin geht es los.

Auch bei diesem Spiel gilt es, vorher ausgemachte Regeln einzuhalten: Socken lassen sich nicht endlos in die Länge ziehen, knuffen und treten ist nicht erlaubt, festhalten auch nicht.

Wilde Kerle schleichen herum

Alter: ab 5 Jahren
Mitspieler: ab 6 Kindern
Spieldauer: ca. 10 Minuten

Alle Kinder gehen mit geschlossenen Augen in einem abgegrenzten Spielfeld (in einem möglichst leer geräumten Raum oder mit Stühlen abgegrenzten Bereich) umher. Ein wilder Kerl, den die Spielleitung zuvor bestimmt hat, ohne dass die anderen Kinder es sehen konnten, hat sich unter die Kinder gemischt. Er geht herum und kneift seine Opfer leicht in die Schulter. Wer gekniffen wurde, wird nun auch zum wilden Kerl. Das Spiel ist beendet, wenn alle zu wilden Kerlen geworden sind.

Dieses Spiel ist bei Kindern sehr beliebt, weil es sehr spannend und lustig ist und einiges Geschick erfordert. Außerdem benötigen die Kinder Mut, weil sie mit geschlossenen Augen unterwegs sind. Haben sie das Spiel bewältigt, verdienen sie natürlich Lob und Anerkennung!

Ballons treten

Alter: ab 3 Jahren
Mitspieler: ab 2 Kindern
Spieldauer: ca. 5–10 Minuten
Material: Luftballons, pro Kind ein Band

Ein Kind bekommt mehrere aufgeblasene, zugeknotete Luftballons und die Aufgabe, möglichst viele der Ballons zu zertreten. Das ist nicht ganz einfach und erfordert Geschick und Kraft. Etwas leichter wird die Aufgabe, wenn die Ballons an lange Bänder geknotet und diese am Fußgelenk des Kindes befestigt werden. So können die Ballons nicht zu weit entwischen. Auf diese Art und Weise können sich die Kinder abreagieren.

Mützen mopsen

Alter: ab 4 Jahren
Mitspieler: ab 4 Kindern
Spieldauer: 3 Minuten
Material: Mützen, Stoppuhr

Alle Kinder laufen in einem begrenzten Spielfeld umher. Jedes Kind trägt eine nicht zu fest sitzende Mütze auf dem Kopf. Ziel des Spiels für jedes Kind ist es, so viele Mützen wie möglich zu ergattern und festzuhalten (in den Gürtel stecken, sich zusätzlich auf den Kopf setzen). Gewonnen hat, wer nach 3 Minuten die meisten Mützen gemopst hat.

Auf den Tisch des Hauses

Alter: ab 5 Jahren
Mitspieler: ab 4 Kindern
Spieldauer: 15–20 Minuten
Material: Tisch, verschiedene Gegenstände

Bei diesem Spiel geht es darum, möglichst schnell Dinge herbeizuschaffen, die von der Spielleitung genannt werden. Das sind lauter Gegenstände, die im Haus zu finden und von Kindern zu erreichen sind: eine Zahnbürste mit Zahnpasta drauf, ein paar rote Socken, einen Holzlöffel, einen Petersilienstengel, einen Schlüsselbund …

Die Spielleitung sagt: „Auf den Tisch des Hauses hätte ich gerne …" Wer den gewünschten Gegenstand zuerst auf den Tisch des Hauses gelegt hat, erhält einen Punkt oder eine andere kleine Belohnung.

Variation: Wird das Spiel mit vielen Kindern gespielt, können die Kinder in Gruppen aufgeteilt werden. Jede Gruppe bekommt einen Namen oder eine Nummer und einen eigenen Tisch. Dann ruft die Spielleitung z. B.: „Auf den Tisch des Hauses von Nummer 2 hätte ich gerne …"

Alles, was komisch ist

Alter: ab 4 Jahren
Mitspieler: 2–8 Kinder
Spieldauer: 15 Minuten
Material: verschiedene Gegenstände, Stoppuhr

Zwei Kinder oder zwei Gruppen von Kindern besorgen bestimmte Gegenstände, die alle ein gemeinsames Merkmal haben. Dazu haben sie jeweils 2–3 Minuten Zeit. Die Spielleitung gibt vor, welches Merkmal die Gegenstände aufweisen müssen. Da kann es z. B. heißen: Sammelt alles, was

- komisch aussieht,
- glitzert,
- scheppert,
- rund ist.

Gewonnen hat, wer die Aufgabe am besten gelöst hat.

Die einstürzende Mauer

Alter: ab 6 Jahren
Mitspieler: 2–6 Kinder (gerade Anzahl)
Spieldauer: 5 Minuten
Material: Gymnastikmatte

Zwei Kinder stehen sich gegenüber. Genau zwischen ihnen steht hochkant eine stabile Gymnastikmatte. Durch Drücken, Schieben, plötzliches Nachgeben und andere Tricks soll die Mauer von einem Kind zum Einsturz gebracht, vom anderen gerettet werden.

Mattenziehen

Alter: ab 3 Jahren
Mitspieler: ab 2 Kindern (gerade Anzahl)
Spieldauer: 10 Minuten
Material: Teppichfliese oder Gymnastikmatte, Seil

Eine Teppichfliese oder eine stabile Gymnastikmatte liegt auf dem Boden, quer darunter liegt ein Seil in der Mitte der Matte als Markierung. Auf jeder Seite der Matte knien ein oder mehrere Kinder, die nach dem Startzeichen der Spielleitung versuchen, die Matte ganz auf ihre Seite zu ziehen. Das Spiel ist beendet, wenn die Matte/Fliese, ganz über die Linienmarkierung gezogen wurde.

Rodeo

Alter: ab 4 Jahren
Mitspieler: ab 2 Kindern (gerade Anzahl)
Spieldauer: 10 Minuten
Material: Schaumstoffmatten

Immer zwei Kinder bekommen eine Schaumstoffmatte. Zunächst wird vereinbart, wer zuerst den Stier spielt und wer zuerst den Reiter. Der Stier steht auf allen vieren auf der Matte. Jetzt setzt sich das andere Kind als Reiter auf den Stier und versucht, trotz dessen wilden Bewegungen möglichst lange auf ihm sitzen zu bleiben. Der wilde Stier bewegt sich heftig mit dem Ziel, den Reiter abzuschütteln. Wenn der Reiter abgeworfen wurde, werden die Rollen getauscht. So können sich Stier und Reiter so richtig austoben.

Kampf der Stimmen

Alter: ab 4 Jahren
Mitspieler: 4–8 Kinder
Spieldauer: 5 Minuten

Jedes Kind denkt sich ein Wort aus oder bekommt von der Spielleitung ein Wort genannt. Das Wort sollte möglichst mehrsilbig sein. Auf ein Kommando hin beginnen alle Kinder ihr Wort zu schreien. Gleichzeitig sollen sie erkennen und sich merken, welche Worte die anderen Kinder geschrien haben. Gesiegt hat, wer die meisten Worte erkennen und am Ende der Schreirunde nennen kann.

Zeitungsfechten

Alter: ab 5 Jahren
Mitspieler: ab 2 Kindern
Spieldauer: 5 Minuten
Material: Zeitungspapier

Die Kinder rollen eine Zeitungsdoppelseite so zusammen, dass sie eine stabile Rolle ergibt. Mit diesen Zeitungsrollen dürfen sich die Kinder gegenseitig schlagen. Das Spiel kann am besten zu zweit, aber auch durchaus zu dritt gespielt werden.

Hinweis: Die Spielleitung spricht vorab mit den Kindern ab, was erlaubt ist und was nicht. Mit den Zeitungsrollen kann gefochten werden, aber nicht „gestochen“. Schläge sind nur auf Arme und Oberkörper erlaubt. Sobald eine Zeitungsrolle zerfetzt ist, ist das Spiel beendet. Ebenso, wenn einer der Kontrahenten den Arm hebt und aufhören will.

Den „Saukerl“ rauslassen

Alter: ab 3 Jahren
Mitspieler: ab 2 Kindern
Spieldauer: 3 Minuten
Material: Küchenwecker

Die Spielleitung stellt einen Küchenwecker auf 3 Minuten. In diesen drei Minuten dürfen die Kinder alle Schimpfworte, die ihnen gerade einfallen, laut herausschreien.

Hahnenkampf

Alter: ab 5 Jahren
Mitspieler: ab 2 Kindern (gerade Anzahl)
Spieldauer: ca. 5 Minuten

Zwei Kinder stehen sich gegenüber. Die Arme der beiden sind vor der Brust verschränkt, sie stehen auf einem Bein. Jetzt dürfen sie sich so lange gegenseitig anrempeln, bis ein Kind mit beiden Beinen auf dem Boden steht. Dann treten zwei andere Spielerpaare gegeneinander, bis jeder einmal gegen jeden gekämpft hat.

Krabbenlauf

Alter: ab 5 Jahren
Mitspieler: ab 2 Kindern (gerade Anzahl)
Spieldauer: ca. 5–8 Minuten
Material: Matte

Zwei Kinder sitzen auf einer Matte im Krebsgang (Rückenlage, auf Händen und Füßen abgestützt mit angehobenem Po) gegenüber und versuchen durch Beinhakeln den anderen zu Fall zu bringen. Die Sieger der Krabbenläufe treten in weiteren Runden gegeneinander an.

Sockenkopf

Alter: ab 3 Jahren
Mitspieler: ab 2 Kindern (gerade Anzahl)
Spieldauer: ca. 3 Minuten
Material: pro Kind eine mit Vogelsand gefüllte Socke

Immer zwei Kinder spielen miteinander. Sie halten sich an beiden Händen und haben beide eine Socke, die mit Vogelsand gefüllt und zugeknotet wurde, auf dem Kopf liegen. Durch gegenseitiges Zerren und Aus-dem-Gleichgewicht-Bringen soll die gegnerische Sandsocke zu Fall gebracht werden.

Linienkampf

Alter: ab 5 Jahren
Mitspieler: ab 2 Kindern (gerade Anzahl)
Spieldauer: ca. 5 Minuten
Material: Kreide

Zwei Kinder stehen gegenüber auf einer Linie im Parkett- oder Teppichmuster oder einer Linie, die mit Kreide gezogen wurde, und fassen sich gegenseitig an den Schultern. Durch Drücken und abrupten Wechsel des Krafteinsatzes soll der Partner zum Verlassen der Linie gezwungen werden.

Hinweis: Die Spielleitung achtet bei den Spielerpaarungen auf etwa gleichstarke Mitspieler.

Ball abjagen

Alter: ab 3 Jahren
Mitspieler: ab 2 Kindern
Spieldauer: ca. 5 Minuten
Material: Bälle

Die Kinder nehmen zwischen ihre Knien jeweils einen Ball, der bequem gehalten werden kann, also nicht zu groß und nicht zu klein sein darf. Dann machen sich alle vorsichtig auf den Weg, um den Mitspieler ihre Bälle abspenstig zu machen. Jeder muss jetzt seinen Ball verteidigen, er darf nicht zu Boden fallen.

> Diese Spielangebote bieten für kleine wilde Kerle eine Abwechslung zu der von Medien dominierten Kinderwelt. Und sie vermitteln Körpererfahrungen, die in Familien mit wenigen Kindern und in beengten Verhältnissen kaum noch möglich sind.

Po-Duell

Alter: ab 3 Jahren
Mitspieler: ab 2 Kindern (gerade Anzahl)
Spieldauer: ca. 5 Minuten
Material: Reifen oder Seil

Zwei Kinder sitzen Rücken an Rücken auf einem Reifen oder einem Seil, das zu einem Kreis gelegt wurde. Die Aufgabe der beiden besteht darin, sich gegenseitig aus dem Kreis zu drängen. Dazu beugen sich beide leicht vor, denn es darf nur der Po benutzt werden.

Wilde-Kerle-Draußenspiele

Toben unter freiem Himmel

Die meisten Kinder lieben es, im Freien zu spielen. Intuitiv wissen sie, dass das Wetter für ein Spiel im Freien keine Rolle spielt – die Bewegung an der frischen Luft bei wilden Spielen wärmt. Dennoch ist witterungsangemessene Kleidung wichtig, die Kindern ermöglicht, auch bei Regen, Schnee und Wind draußen zu spielen.

Im Freien spielt es sich am besten zusammen mit anderen. So können die Kinder sich gegenseitig einschätzen, sie können die eigenen Kräfte kennenlernen und sich ein Bild von den eigenen Fähigkeiten machen. Sie treten mit anderen Kindern in Körperkontakt und bekommen ein Gefühl für Nähe und Distanz. Die „Wilde-Kerle-Draußen-Spiele" tragen dazu bei, Kindern Sicherheit beim wilden Spiel im Freien zu vermitteln. Im gemeinsamen Spiel wird aber auch die Bereitschaft und Fähigkeit zur Kommunikation und zur Kooperation verbessert.
Kinder haben Spaß an der körperlichen Herausforderung. Werden ihnen spielerische Möglichkeiten der körperlichen Auseinadersetzung mit anderen Kindern ermöglicht, lernen sie nicht nur ihre individuellen Fertigkeiten kennen, sie lernen auch, sich partnerschaftlich zu verhalten.

Tanz der Pinguine

Alter: ab 4 Jahren
Mitspieler: ab 6 Kindern
Spieldauer: ca. 10 Minuten
Material: großer Bogen Papier

Die Kinder tanzen als „Pinguine" eng aneinander gedrängt auf der Eisscholle, einem großen Bogen Papier, das auf dem Boden liegt. Da die Sonne kräftig scheint, schmilzt die Eisscholle langsam dahin. Die Spielleitung reißt nach und nach Stücke vom Papier weg. Ein Pinguin nach dem anderen muss von der Eisscholle weichen. Wer hält sich am längsten auf der Eisscholle?

Pfützentreten

Alter: ab 3 Jahren
Mitspieler: ab 2 Kindern
Spieldauer: ca. 10 Minuten
Material: Zeitungspapier, Gummistiefel

Dieses Spiel muss auf einem Gelände stattfinden, auf dem es viele Pfützen gibt. Beim Spielen darf es nicht regnen, ideal ist es also, wenn es nachts geregnet und sich das Regenwasser in den Pfützen gesammelt hat. Bei trockenem Wetter kann künstlicher Regen aus dem Gartenschlauch oder mit Hilfe von Gießkannen die Voraussetzungen für das Spiel schaffen.

Jedes Kind zieht Gummistiefel und Regenhose an und sucht sich nun eine Pfütze aus. An drei Seiten neben der Pfütze legt es jeweils ein Blatt Zeitungspapier auf den Boden und springt dann von der freien Seite mit beiden Beinen in die Pfütze.

Ziel des Spiels ist es, mit dem Wasser, dass aus der Pfütze spritzt, die Zeitungspapierblätter patschnass zu spritzen.

Die Kinder zählen laut, wie oft sie in die Pfütze springen müssen, um dieses Ziel zu erreichen.

Variation: Nur ein Sprung ist erlaubt und die Blätter werden verglichen. Welches Blatt hat am meisten Wasser abbekommen?

Der Aufenthalt an der frischen Luft stärkt das Immunsystem der Kinder. Laut einer Studie sollten sich Kinder mindestens 10 Stunden in der Woche im Freien bewegen. Das stärkt nicht nur das Immunsystem, sondern beugt auch Übergewicht vor, trainiert Schnelligkeit, Ausdauer und Beweglichkeit.

Grashalmhakeln

Alter: ab 3 Jahren
Mitspieler: ab 2 Kindern (gerade Anzahl)
Spieldauer: 5 Minuten
Material: Grashalme

Jedes Kind sucht sich einen Grashalm. Dann werden Paare gebildet, die ihre Grashalme ineinander schlingen: Ein Kind bildet eine Schlaufe, das andere zieht seinen Grashalm durch die Schlaufe. Nun ziehen die beiden Kinder an ihren Halmenden. Gewonnen hat, wessen Grashalm nicht reißt.

Bänderklau

Alter: ab 5 Jahren
Mitspieler: ab 4 Kindern
Spieldauer: ca. 10 Minuten
Material: Bänder

Jedes Kind bekommt ein Band. Das Band wird in die Hosentasche gesteckt und nur ein kurzes, etwa 5 Zentimeter langes Stück schaut heraus. Auf ein Startzeichen hin laufen alle Kinder kreuz und quer über das abgegrenzte Spielfeld und versuchen, so viele Bänder wie möglich zu ergattern. Nach etwa 10 Minuten wird das Spiel abgebrochen und die Bänder werden gezählt.

Wenn sich Kinder bei einem „Wilde-Kerle-Spiel" nicht wohl fühlen, Ängste zeigen oder sich zu wild gegenüber anderen verhalten, ist es sinnvoll, mit dem Stopp-Signal zu arbeiten. Das kann ein Stopp-Ruf/Schild sein oder ein leichter Klaps auf den Köper des Mitspielers. Danach wird das Spiel beendet oder so umgestaltet, dass es weniger unangenehm, bzw. beängstigend ist.

Körperticker

Alter: ab 5 Jahren
Mitspieler: ab 2 Kindern (gerade Anzahl)
Spieldauer: ca. 3 Minuten

Zwei Kinder stehen sich gegenüber. Sie fassen sich mit einer Hand an. Mit dem Zeigefinger der anderen Hand versuchen sie nun, den Spielpartner zu ticken, also anzutippen. Bevor das Spiel beginnt, muss geklärt werden, welche Körperstellen auf keinen Fall getickt werden dürfen (etwa das Gesicht).

Wer die meisten Ticker gesetzt hat, hat das Spiel gewonnen. Es ist sinnvoll, vorher zu bestimmen, nach wie vielen Tickern das Spiel als beendet gilt. 5 gelungene Ticker sollten reichen.

Die wilden Kerle sind krank

Alter: ab 5 Jahren
Mitspieler: 4–10 Kinder
Spieldauer: 10 Minuten
Material: Gymnastikmatte

Auf der Wiese liegt eine Gymnastikmatte. Sie stellt das Krankenhaus dar. Ein Kind, das von der Spielleitung bestimmt wird, muss nun hinter den anderen Kindern herlaufen und sie mit dem Finger abticken. Das angetippte Kind sinkt zu Boden. Gelingt es den anderen Kindern, die kurzzeitig zu Sanitätern werden, dieses Kind auf die Matte zu schleppen, wird es gesund und darf weiterspielen. Sanitäter dürfen nicht abgetickt werden.

Das Spiel ist beendet, wenn alle Kinder getickt wurden, oder der Ticker erschöpft ist und abgelöst werden will.

Wäscheklammernjagd

Alter: ab 6 Jahren
Mitspieler: 2–8 Kinder
Spieldauer: ca. 5 Minuten
Material: pro Kind 5 Wäscheklammern

Jedes Kind erhält etwa 5 Wäscheklammern, die es an seinem T-Shirt befestigt und dort verteidigen muss. Denn alle anderen Kinder wollen nach einem Startzeichen so viele Klammern wie möglich erbeuten. Wer nach 5 Minuten am meisten Klammern erwischen konnte, hat das Spiel gewonnen.

Schildkröten und wilde Kerle

Alter: ab 4 Jahren
Mitspieler: 4–8 Kinder
Spieldauer: 5–10 Minuten
Material: Kreide

Alle Kinder bis auf eines liegen als Schildkröten auf dem Bauch. Sie müssen auf ein Startzeichen hin auf allen vieren krabbelnd eine etwa 6–7 Meter entfernte Ziellinie erreichen, die auf den Boden gezeichnet wurde. Hat ein Körperteil die Ziellinie berührt, ist die Schildkröte gerettet. Das Kind, das keine Schildkröte ist, spielt den wilden Kerl. Gelingt es dem wilden Kerl, eine Schildkröte während ihres „Laufs“ auf den Rücken zu drehen, muss die Schildkröte entweder

- aus dem Spiel ausscheiden,
- selbst ein wilder Kerl werden oder
- einfach auf dem Rücken liegen bleiben.

Im letzten Fall wird nach Spielabbruch festgestellt, wie viele Schildkröten der wilde Kerl an ihrem Ziellauf gehindert hat.

Nach dem Spiel sollten Sie mit den Kindern über die Gefühle, Wahrnehmungen und den Grad der Anstrengung reden.

Raus aus der Höhle

Alter: ab 4 Jahren
Mitspieler: 4–8 Kinder
Spieldauer: 5–10 Minuten
Material: Kreide

Ein Kind, das sich nur auf allen vieren bewegen darf, steht in einem mit Kreide aufgezeichneten Kreis von etwa drei Metern Durchmesser. Alle anderen Kinder bewegen sich im aufrechten Gang außerhalb des Kreises an der Kreislinie entlang. Das Kind in der Mitte ist der wilde Kerl, der nun versucht, einen Körperteil eines Kindes an der Randlinie zu berühren oder in den Kreis zu ziehen. Gelingt im das, kommt dieses Kind zu ihm in den Kreis, um sich ebenso auf die Jagd zu begeben.

Regeln, die den Kindern Orientierung und Sicherheit bieten. Folgende Regeln haben sich bewährt:

1. Einem anderen weh zu tun ist nicht erlaubt. Das bedeutet: Schlagen, kratzen, kneifen, treten, kitzeln, an den Haaren ziehen ... ist verboten!
2. Es darf nicht an der Kleidung herumgezerrt werden.
3. Wer versehentlich eine Regel verletzt hat, entschuldigt sich.
4. Das Spiel wird abgebrochen, wenn jemand „stopp" ruft, die Hand hebt oder leicht auf den Körper des Spielpartners klatscht.
5. Spielleitung oder Zuschauer beenden das Spiel, wenn die Spieler zu verbissen oder zu aggressiv wirken.

Besprechen Sie mit den Kindern, weshalb Regeln überhaupt notwendig sind und welche Regeln speziell bei den gemeinsamen Spielen gelten sollen. Erweitern Sie eventuell gemeinsam den Regelkatalog, indem Sie Vorschläge der Kinder aufgreifen.

Am laufenden Band

Alter: ab 4 Jahren
Mitspieler: ab 4 Kindern
Spieldauer: ca. 10 Minuten
Material: sehr lange Schnur

Die Spielleitung spannt vorab eine lange Schnur durch mehrere Räume. An die Schnur werden in größerem Abstand unterschiedliche Dinge geknotet: ein Spielzeugauto, ein Apfel, ein Kronkorken, ein Bleistift usw.

Die Kinder gehen nun nacheinander mit geschlossenen Augen vorsichtig an der Schnur entlang und erraten, was sie dort fühlen.

Wäscheklammer auf dem Rücken

Alter: ab 3 Jahren
Mitspieler: ab 2 Kindern
Spieldauer: ca. 5 Minuten
Material: Wäscheklammern

Zwei Kinder, die sich gegenüber stehen, bekommen auf den Rücken eine Wäscheklammer befestigt. Durch geschickte Bewegungen sollen sie jeweils herausfinden, wo genau die Klammer auf ihrem eigenen Rücken befestigt ist. Dabei müssen sie unbedingt vermeiden, dass das andere Kind erkennen kann, wo die eigene Klammer steckt. Geschicklichkeit und Wendigkeit sind gefragt.

Wettkampfspiele sollten Sie nicht mit Kindern unter 5 Jahren spielen. Erst zwischen dem fünften und sechsten Lebensjahr beginnen Kinder, ihre Kräfte mit anderen Kindern zu messen. Im Vordergrund des Spiels sollte der körperliche Einsatz und der Spaß stehen, nicht der Wettbewerb.

Känguruhüpfen

Alter: ab 5 Jahren
Mitspieler: ab 4 Kindern (gerade Anzahl)
Spieldauer: ca. 10–15 Minuten

Die wilden Kerle treten eine abenteuerliche Reise in den australischen Busch an. Dort wollen sie sich vor allen Dingen die Kängurus ansehen. Die Kängurus sind allerdings sehr scheu; sie lassen Menschen nur an sich heran, wenn sie denken, das wären auch Kängurus. Deswegen müssen immer zwei Kinder üben, sich wie Kängurus zu verhalten.

Spielphase 1: Alle Mitspieler nehmen Pfötchenhaltung ein (Hände in Brusthöhe abgeklappt halten). Sie gehen ein bisschen in die Knie, strecken den Po raus und hüpfen mit beiden Beinen gleichzeitig los.

Spielphase 2: Zwei Kinder stehen dicht nebeneineinander, behalten dabei die Pfötchenhaltung bei und schauen nach vorn. Sie hüpfen wieder wie ein Känguru. Das linke Känguru winkt nun mit der rechten Pfote und das rechte Känguru winkt mit der linken Pfote.

Spielphase 3: Zwei Kinder spielen Mutter- und Kindkänguru. Die Kängurumutter steht hinter ihrem Kind. Sie führt ihre Arme um das Kind herum und schließt vor dem Bauch des Kindes ihre Hände zum Kängurubeutel. In dieser Formation hüpfen sie los. Jetzt sollte einem Kontakt mit den echten Kängurus nichts mehr im Wege stehen.

Variation: Wenn Sie das Spiel mit vielen Kindern spielen, lassen sich zwei Gruppen bilden: echte Kängurus und menschliche Kängurus. Sie treten miteinander in den Wettkampf. Wer kommt schneller zum ausgewählten Ziel?

Zweierzeck

Alter: ab 5 Jahren
Mitspieler: ab 4 Kindern
Spieldauer: ca. 5–15 Minuten

Zwei Kinder fassen sich an den Händen und laufen so durch das abgegrenzte Spielgelände. Sie bilden einen „Zweierzeck". Die anderen Kinder laufen ebenfalls, jedes für sich durch das Gelände. Gelingt es dem Zweierzeck ein Kind abzuschlagen, bildet es nun mit dem Zweierzeck gemeinsam einen Dreierzeck. Schlägt der Dreierzeck ein Kind, wird aus ihm ein Viererzeck, der sich aber sofort wieder trennt und zwei Zweierzecks bildet. Das Spiel geht so lange weiter, bis kein einzelnes Kind mehr auf dem Spielfeld unterwegs ist.

Viele Kinder im Vorschulalter verbringen täglich mehrere Stunden vor dem Fernsehgerät. Das schädigt die Augen, sie bekommen nicht genügend Sauerstoff. Außerdem neigen „Fernsehkinder" auch zum Knabbern. Wenn das mit Bewegungsmangel einhergeht, werden die Kinder nicht nur dick, ihre motorische Entwicklung leidet. Ein großer Teil der Kinder muss deswegen schon im Kindergartenalter zur Krankengymnastik.

Wilde-Kerle-Erkundungsspiele

Ganz wild auf Neues

Im Rahmen von Erkundungsspielen erforschen die Kinder Unbekanntes, suchen etwas, experimentieren oder beobachten. Wilde Kerle lieben Erkundungsspiele, weil damit eine große Herausforderung und viel Eigeninitiative einhergehen. Neues zu erfahren, eine Aufgabe zu lösen, interessante Dinge zu erforschen, das ist spannend und macht wilden Kerlen großen Spaß.

Erkundungsspiele können folgende Aufgaben enthalten:

- Orientierungsaufgaben: Wo müssen wir hin? Wie finden wir den Weg? Wer kann uns helfen?
- Sammelaufgaben: Es gilt, unterwegs etwas zu finden oder zu sammeln: Steine, Müll, Ansichtskarten, Unterschriften, Puzzleteile, Schätze.
- Informationsaufgaben: Wie komme ich an Lebensmittel? Wer entsorgt wie den Müll? Ist unser Spielplatz kinderfreundlich? Wie erreiche ich telefonisch Eltern, Polizei und Feuerwehr?
- Suchaufgaben: Wo finde ich im Gelände einen Apfelbaum? Wo sind die Puzzleteile, die zum Schatz führen, versteckt? Welche Gegenstände gehören nicht (naturgemäß) in den Garten (Muscheln, Blätter von Bäumen, die gar nicht im Garten stehen).
- Dokumentationsaufgaben: Blätter auf einen Karton kleben. Eine Vernissage gestalten. Einen Ausstellungstisch herrichten. Fotografieren oder mit einer Kamera das Geschehen aufnehmen. Eine Wandzeitung erstellen.
- Kontaktaufgaben: Den Bürgermeister aufsuchen und befragen. Etwas tauschen. Passanten spontan in die Einrichtung einladen. Spielpartner ansprechen, Verwandte einladen.
- Geschicklichkeitsaufgaben: Mit Körperkraft und Geduld eine Schwierigkeit meistern: einen kleinen Bach überqueren, ein Hindernis beseitigen, einen geheimen Pfad finden, Puzzleteile zusammenfügen, eine Höhle bauen.
- Präsentationsaufgaben: Ein Rollenspiel oder ein Theaterstück vorführen, eine Zeichnung anfertigen, etwas vortragen.

Musik im Garten

Alter: ab 4 Jahren
Mitspieler: ab 4 Kindern
Spieldauer: ca. 5 Minuten
Material: Klanginstrumente

Zwei Kinder oder mehr verstecken sich im Garten. Sie haben ein Klanginstrument dabei, das sie ab und zu ertönen lassen. Die anderen Kinder schwirren im Garten aus, um die versteckten Kinder zu suchen. Sie orientieren sich dabei an den Geräuschen.

Hier stimmt was nicht

Alter: ab 4 Jahren
Mitspieler: ab 1 Kind
Spieldauer: 15 Minuten
Material: Gegenstände, die nicht in den Garten gehören

Die Spielleitung deponiert verschiedene Gegenstände im Garten oder einem Ausflugsziel im Wald, die dort nicht hingehören: eine bunte Feder an einem Baumzweig, ein paar Muscheln im Blumenbeet, eine leere Flasche auf dem Weg, einen Apfel unterm Birnenbaum, ein Kuscheltier im leeren Vogelnest usw.
Die schlauen wilden Kerle sollen innerhalb von 15 Minuten alle Dinge aufstöbern, die nicht in den Garten gehören.

Eitransport

Alter: ab 4 Jahren
Mitspieler: ab 4 Kindern
Spieldauer: ca. 10 Minuten
Material: pro Kind ein Ei

Die Spielleitung legt im Garten oder in einem Gelände ihrer Wahl einen Hindernisparcours auf. Die Kinder müssen nacheinander diesen Parcours bewältigen, um an ein gekennzeichnetes Ziel zu gelangen.

Erschwert wird die Aufgabe dadurch, dass die Kinder während der ganzen Zeit ein rohes Ei mit sich tragen müssen und das darf nicht kaputt gehen. Bei diesem Spiel müssen die wilden Kerle sehr vorsichtig vorgehen.

Durchs Spinnennetz

Alter: ab 4 Jahren
Mitspieler: ab 4 Kinder
Spieldauer: ca. 10 Minuten
Material: Seile

Die Spielleitung spannt in einem Waldstück oder in einem baumreichen Garten Seile zwischen mehrere Bäume, ähnlich wie ein Spinnennetz in etwa einem halben Meter Höhe. Wenn das Netz stramm gespannt ist, versuchen die Kinder durch das Spinnennetz zu klettern. Ganz geschickten Kindern gelingt das auch, ohne dabei das Seil zu berühren. Gegenseitige Hilfe ist erwünscht.

Variation für kleinere Kinder: Die Spielleitung legt ein Spinnennetz auf dem Boden aus und motiviert die Kinder, von einer Seite auf die andere zu gelangen und dabei auf die „Spinnenfäden" zu treten.

Im Dunkeln am Seil

Alter: ab 6 Jahren
Mitspieler: ab 2 Kindern
Spieldauer: ca. 15 Minuten
Material: sehr langes Seil

Die Spielleitung spannt in einem Gelände mit vielen Bäumen ein Seil. Dazu wählt sie ein Gelände aus, das abwechslungsreich ist (mit einem umgestürzten Baumstamm, unebenen Wegen, einem kleinen Graben etc.). Wenn es dunkel geworden ist, gehen alle gemeinsam zu dem Seil. Wer mutig ist, geht alleine, das Seil mit einer Hand fassend, durch das Gelände. Die Kinder können aber auch zu zweit oder an der Hand der Spielleitung das Experiment bewältigen.

Nachtspaziergänge für wilde Kerle

Alter: ab 5 Jahren
Mitspieler: ab 1 Kind
Spieldauer: ca. 10 Minuten

Ein Abendspaziergang bei Dunkelheit erfordert viel Mut. Er ist voller Spannung, kitzelt die Nerven und erfüllt die Kinder mit Stolz, wenn es dann geschafft wurde. Manchmal tut das schon ein ganz einfacher Spaziergang. Sie sollten aber auch einmal innehalten, still sein und:

- den Sternenhimmel anschauen und nach bekannten Sternbildern suchen;
- auf die Geräusche der Nacht achten: das Rauschen der Blätter, das Rufen der Tiere, Schritte der Tiere;
- zu zweit, sich an den Händen haltend, ein paar Schritte gehen. Dabei hält ein Kind die Augen geschlossen und lässt sich führen;
- tief durchatmen und die Gerüche des Waldes/Gartens wahrnehmen;
- den Boden mit den Händen ertasten oder ihn mit den nackten Fußsohlen wahrnehmen.

Hinweis: Bevor Sie nächtliche Aktionen durchführen, sollten Sie ein geeignetes Gelände wählen. Das darf durchaus Herausforderungscharakter haben, muss aber auch von den Kindern zu bewältigen sein. Oberstes Gebot ist immer: Die Kinder sollen keine Misserfolge erleiden. Deswegen muss der Erwachsene das Gelände gut kennen und es muss garantiert sein, dass keine Gefahren lauern. Es bietet sich im Umgang mit kleineren Kindern auch an, eine kurze Strecke zu wählen und diese zunächst am Tag zur Probe zu begehen. Erwachsene sollten auch immer eine Taschenlampe und ein Handy dabei haben.

Die Dschungelreise

Alter: ab 4 Jahren
Mitspieler: ab 4 Kindern
Spieldauer: ca. 45 Minuten

Setzen Sie sich mit den Kindern auf den Boden und laden Sie die Kinder zu einer Dschungelreise ein. Sie stellen sich vor, dass sie alle im Flugzeug sitzen. Sie als Flugkapitän erklären zunächst, was alles zu tun ist und von den Kindern pantomimisch ausgeführt wird: sich anschnallen, beim Start an der Lehne festhalten, in den Kurven mitgehen, in ein Luftloch geraten und durchgerüttelt werden ... Die Kinder können auch aufstehen und Flugzeug spielen (Arme zu Tragflächen ausbreiten). Dann landen sie (abschnallen, aus dem Flugzeug steigen).

Nun sind alle im Dschungel. Hier werden sie von einigen Ureinwohnern begrüßt, die sie bitten, zur Begrüßung einen Tanz vorzuführen (gemeinsam ein paar Liedzeilen und dazu ein paar Tanzbewegungen ausdenken). Nun geht es durch den Urwald. Alle schleppen (pantomimisch) schwere Rucksäcke und müssen dabei eine schwierige Wanderung auf sich nehmen. Sie müssen über Bäche springen, über einen Baumstamm klettern, an einer Liane schwingen, sich einen Unterstand suchen, weil es regnet, und auf einen Baum klettern, um sich vor einem wilden Tier zu schützen. Dann erreichen sie das Dorf des Dschungelkönigs. Der Dschungelkönig begrüßt alle herzlich und bittet die Kinder um Hilfe. In seinem Dorf ist eine Dschungelkrankheit ausgebrochen, die nur mit bestimmten Kräutern geheilt werden kann. Die Kinder bekommen den Auftrag die entsprechenden Kräuter zu suchen. Der König freut sich sehr über die Kräuter. Die Dorfbewohner werden wieder gesund und zur Belohnung gehen alle auf Löwenjagd:

Alle schleichen sich durch den Urwald. Um den Löwen zu finden, müssen sie sich auch mit einer Machete den Weg durch den Urwald bahnen. Sie hören ein Geräusch und bleiben mit angehaltenem Atem stehen und lauschen. Ist da der Löwe zu hören?

Es war nicht der Löwe, alle laufen weiter und stehen vor einem undurchdringlichen Gebüsch. Wieder muss die Machete her. Gelingt es, das Gebüsch durchzudringen? Es klappt. Dann geraten alle in einen Sumpf. Die Beine werden schwer, sie müssen mühselig aus dem Boden gezogen werden, und dann kommt auch noch ein Schwarm Mücken. Alle schlagen um sich, klopfen die Mücken mit den Händen vom Körper. Dann reiben sich alle gegenseitig mit einem Mückenschutzmittel ein. Und plötzlich der Löwe. Alle bekommen einen großen Schreck und – laufen zurück.

Jetzt werden alle Stationen noch einmal rückwärts durchlaufen.

Schließlich endet das Abenteuer mit einem Essen beim Dschungelkönig. Es gibt gebratene Heuschrecken, Schlangenfilet, bitteren Kräutertee... Wie das wohl schmeckt? Und dann geht es wieder mit dem Flugzeug zurück nach Deutschland.

Waldrallye

Alter: ab 5 Jahren
Mitspieler: ab 1 Kind
Spieldauer: ca. 90 Minuten
Material: pro Kind eine Tasche oder ein Korb, Maßband, Einwegfotoapparat, Stift und Papier

Die Spielleitung baut mehrere Stationen auf, die von den Kindern besucht werden und an denen Aufgaben zu bewältigen sind.

1. Station: Höhe der längsten Brennnessel messen, das Blatt eines bestimmten Baums fotografieren, mit Papier und Bleistift ein Rubbelbild von einem Baumstamm abnehmen.

2. Station: Eine Geschichte erfinden, in der folgende Dinge auftauchen: eine Hexe, ein kleines Mädchen, ein Korb mit Obst, ein großer Hund.

3. Station: Folgende Dinge sammeln und zur Station tragen: einen Tannenzapfen, etwas Stacheliges, drei verschiedene Blätter, ein Stück Holz, einen mindestens 50 cm langen Stock.

Denken Sie sich weitere Aufgaben oder auch Stationen aus, bei denen die Kinder altersangemessene Aufgaben lösen müssen.

Einen Schatz finden

Alter: ab 5 Jahren
Mitspieler: ab 2 Kindern
Spieldauer: ca. 10 Minuten
Material: ein Geldstück

Das spielt findet in einem überschaubaren abgegrenzten Gelände statt. Dort hat die Spielleitung ein glänzendes Geldstück „versteckt“, das bei genauem Hinsehen durchaus sichtbar ist. Die Kinder gehen gemeinsam auf die Suche. Das Besondere des Spiels besteht darin, beim Finden des Geldstückes nicht jubelnd aufzuschreien, sondern einfach weiterzugehen und sich nach einer Weile unauffällig auf seinen Platz zu setzen. Wenn alle Kinder sitzen, ist das Spiel beendet, das letzte Kind darf nun das Geldstück „verstecken“. Die Spielleitung kann auch Hinweise als auch Hilfen geben, wenn das Versteck zu schwer zu entdecken ist.

Ein wilder Kerl ist verschwunden

Alter: ab 4 Jahren
Mitspieler: ab 4 Kindern
Spieldauer: ca. 15 Minuten
Material: Gegenstände, die zum versteckten Kind gehören

Ein kleiner wilder Kerl ist verschwunden (er versteckt sich im Garten). Die Spielleitung bittet die anderen Kinder, den kleinen wilden Kerl zu suchen. Und der kleine wilde Kerl hat ein paar Spuren im Garten hinterlassen. Da liegt eine Socke unterm Apfelbaum, ein Spielzeug unter der Hecke. Ein paar Fußabdrücke sind zu sehen und zu guter Letzt gibt es auch noch Geräusche zu hören. Werden die Kinder den wilden Kerl finden?

Bäume suchen

Alter: ab 4 Jahren
Mitspieler: ab 2 Kindern (gerade Anzahl)
Spieldauer: ca. 20 Minuten

Je zwei Kinder erhalten den Teil eines Zweiges von einem Baum oder Strauch, der am Wegesrand steht. Nun ist es Aufgabe der Kinder, zunächst den Spielpartner zu suchen, der das passende Zweigstück in der Hand hat. Beide gemeinsam suchen dann den Baum oder Strauch, der zu ihrem Zweig gehört.

Wilde Kerle brauchen keine Brücke

Alter: ab 4 Jahren
Mitspieler: ab 1 Kind
Spieldauer: ca. 30 Minuten
Material: evtl. Seile, Holzlatten, Autoreifen, Plastikflaschen, Bierkästen etc.

Eines der schönsten Erlebnisse ist es, einen Bach zu überqueren, ohne eine Brücke dafür benutzen zu müssen. Für die wilden Kerle ist das eine wundervolle Herausforderung. Sie können alleine oder in kleinen Gruppen überlegen, wie der Bach zu „bewältigen“ ist. Man kann versuchen, ihn zu überspringen, man kann ein Floß aus Plastikflaschen oder eine Brücke aus Bierkästen bauen. Wer einen langen dicken Ast findet, kann ihn benutzen wie den Stab beim Stabhochsprung.

Es kann aber auch einfache Lösungen geben: Gummistiefel anziehen und durchwaten oder Schuhe und Strümpfe ausziehen und barfuß laufen.

Hinweis: Der Bach wird von der Spielleitung vorher gut ausgesucht; er darf nicht tief und nicht zu breit sein, die Überquerung muss für die Kinder erfolgreich verlaufen können. Die Spielleitung ermutigt die Kinder bei Bedarf, gibt ihnen aber keine Tipps, wie sie vorgehen sollen.

Schatzsuche

Alter: ab 4 Jahren
Mitspieler: ab 2 Kindern
Spieldauer: ca. 30 Minuten
Material: Schatzkarte, Schatz

Die Spielleitung versteckt vorab einen Schatz im Garten, das kann z. B. eine kleine mit Goldpapier bezogene Schachtel sein, gefüllt mit Murmeln oder anderen Kleinigkeiten als Belohnung für die erfolgreichen Schatzsucher. Damit die Kinder den Schatz finden können, wird eine Zeichnung des Geländes angefertigt, versehen mit markanten Punkten und der Stelle, wo der versteckte Schatz zu finden ist. Diese Schatzkarte wird in etwa fünf bis zehn Teile zerschnitten, die ebenfalls von der Spielleitung versteckt werden, aber so, dass sie leicht zu finden sind.

Die Kinder suchen nun in einem abgegrenzten Bereich zunächst die Puzzleteile. Sind alle gefunden, können sie zusammengesetzt und der Schatz kann anhand der Angaben auf der Schatzkarte gefunden werden.

Erwachsene sollten darauf bedacht sein, den Kindern keine fertigen Lösungen anzubieten – das schmälert den Erfolg. Kinder müssen ihre Selbstwirksamkeit erleben und stolz sagen können: Das habe ich ganz allein (oder mit meinen Freunden gemeinsam, ohne Hilfe von Erwachsenen) geschafft.

Abenteuerliche Wilde-Kerle-Spiele

Erlebnisreiche Aktionen für kühne Gemüter

Kinder lieben und brauchen Abenteuer. In einer Welt, die abenteuerlicher Ereignisse vorwiegend aus zweiter Hand – per Fernsehen oder durch andere Medien – bietet, erleben Kinder kaum noch selbst Abenteuer. Sie lernen, ein Videogerät zu programmieren und das Handy zu bedienen – das sind durchaus wichtige Fähigkeiten. Aber es fehlt dabei der Nervenkitzel. Dieser Nervenkitzel führt dazu, dass ein Kind motiviert ist, eine ungewöhnliche Aufgabe zu bewältigen.

Abenteuer erleben, das ist etwas ganz Individuelles. Die dreijährige Mila erhält ihren Nervenkitzel, indem sie den elterlichen Garten ohne Begleitung verlässt und den Spielplatz erkundet, während es beim sechsjährige Finn prickelt, wenn er abends am Lagerfeuer sitzt und ein bisschen kokeln darf.
Die natürliche Umwelt bietet Kindern immer weniger Möglichkeiten, kleine Abenteuer zu erleben und Herausforderungen selbstständig zu bewältigen. Deswegen ist es sinnvoll, wieder Spielwelten zu arrangieren, in denen Kinder einen Hauch von Abenteuer erleben können, bei denen das gemeinsame Erleben und das Bewältigen von vermeintlich schwierigen Situationen im Vordergrund steht. Kinder können dabei ihr Können ausprobieren, sich mit anderen messen, Grenzen erfahren und vermutete Grenzen überschreiten. Kinder können in der Regel Gefahren gut einschätzen und gehen sehr vorsichtig bei der Bewältigung neuer Aufgaben vor. Sie erobern sich die neue Welt schrittweise und bitten um Hilfe, wenn sie diese brauchen. Dabei eröffnen Sie dem Kind die Möglichkeit, sich weiter zu entwickeln.

Achten Sie trotzdem auf Folgendes:

- Zwingen Sie Kinder nie dazu, sich an Aktivitäten zu beteiligen.
- „Aussteigen“ ist zu jeder Zeit möglich und wird nicht sanktioniert.
- Sie beaufsichtigen die Kinder, behalten sie so im Auge, wie es deren Alter, Charakter, ihre Eigenart und Entwicklungsstand erforderlich macht.
- Sie nehmen Rücksicht auf die seelische und körperliche Verfassung der Kinder.
- Sie halten Sicherheitsstandards ein, beseitigen Gefahrenquellen.
- Sie belehren die Kinder vor jeder Aktion, weisen auf zu erwartende Schwierigkeiten hin.
- Risikoreiche Aktionen werden grundsätzlich von Erwachsenen überwacht.
- Notfalls wird eingegriffen, eine Aktion beendet.

Verfolgungsjagd

Alter: ab 5 Jahren
Mitspieler: ab 6 Kindern
Spieldauer: ca. 5 Minuten

Alle wilden Kerle laufen in einem möglichst wenig möblierten Raum oder im Freien im eigenen Tempo umher. Nach einer Weile gibt die Spielleitung folgende Anweisungen:

- Schaut euch die anderen wilden Kerle genau an. Wie bewegen sie sich, wie sehen sie aus, sind sie freundlich oder wütend?
- Wählt euch in Gedanken einen wilden Kerl aus, mit dem ihr ganz gerne spielen würdet. Lasst es ihn aber nicht merken.
- Verfolgt den ausgewählten wilden Kerl eine Weile unauffällig mit den Blicken.
- Verfolgt den ausgewählten wilden Kerl nun wirklich. Er darf aber nicht spüren, dass du ihn verfolgst, sei also ganz geschickt.
- Stell dir vor, du bist ein Detektiv und willst den wilden Kerl festnehmen. Werde schneller, damit du ihn bald erwischen kannst.
- Und nun packe den wilden Kerl blitzschnell an den Schultern.

Wildekerlerallye

Alter: ab 6 Jahren
Mitspieler: ab 4 Kindern
Spieldauer: ca. 30 Minuten
Material: Stöcke, Bänder

Eine Teilgruppe der Kinder (zwei oder mehr) läuft weg, um sich zu verstecken. Sie hinterlassen dabei am Wegesrand Spuren: mit einem Stock gemalte Zeichen, Bänder an Büschen oder Bäumen. Die zweite Gruppe spürt die Versteckten auf. Sind alle Versteckten gefunden, werden die Gruppen getauscht.

Anschleichen

Alter: ab 4 Jahren
Mitspieler: ab 4 Kindern
Spieldauer: ca. 15 Minuten
Material: Seil oder Reifen

Das Spielareal im Freien sollte unübersichtlich sein und viel Schutz in Form von Büschen und Bäumen bieten. Ein wilder Kerl sitzt in seinem Lager (ein Reifen oder ein Kreis, mit einem Seil gelegt).

Die anderen Kinder haben sich versteckt und wollen alle gerne den wilden Kerl einmal sehen. Deswegen schleichen sie sich vorsichtig an sein Lager heran. Sieht der wilde Kerl ein Kind oder hört er ein Geräusch, zeigt er in die Richtung, aus der das Geräusch kommt. Hat er das richtig gedeutet, muss das Kind umkehren. Hat ein Kind das Lager erreicht, ohne gesehen zu werden, darf es den wilden Kerl spielen und eine neue Spielrunde beginnt.

Wilde Kerle mutig in der Nacht

Alter: ab 6 Jahren
Mitspieler: ab 1 Kind
Spieldauer: ca. 10 Minuten
Material: Teelichter im Glas

Vorab markiert die Spielleitung bei Einbruch der Dunkelheit einen Weg mit brennenden Teelichtern, die windgeschützt in Gläsern stehen.

Wilde Kerle sind mutig. Deswegen wagen sie einen kleinen Nachtspaziergang. Der an sich ist schon sehr spannend. Aber die große Herausforderung besteht in einem kleinen Stück des Weges, den ein Kind ganz alleine bewältigt. Dabei orientiert es sich an Teelichtern, die am Wegesrand stehen.

Popcorn für die wilden Kerle

Alter: ab 3 Jahren
Mitspieler: ab 2 Kindern
Spieldauer: ca. 5 Minuten
Material: evtl. Seil

Das Spielfeld der Kinder wird zur gedachten heißen Herdplatte. Die Kinder, allesamt Maiskörner, stehen dicht gedrängt auf der Herdplatte (die durch ein Seil markiert werden kann). Nun beginnt die Spielleitung zu erzählen, wie sich die Kinder in Popcorn verwandeln werden. Nur ein Kind, das vorher instruiert wurde, spielt ohne Wissen der anderen den wilden Kerl.

„Die Herdplatte wird langsam heißer. Die ersten Maiskörner hüpfen lustig in die Höhe. Nach und nach poppen alle Maiskörner durch die Gegend und verlassen dabei die Herdplatte. Nur einer nicht, der wilde Kerl. Er fängt nach und nach alle ein, schickt sie wieder auf die Herdplatte und übergießt sie mit (gedachtem) Honig. Nun kleben sie alle aneinander und können sich nur noch als Klumpen bewegen."

Rette sich, wer kann!

Alter: ab 4 Jahren
Mitspieler: ab 4 Kindern
Spieldauer: ca. 10 Minuten
Material: Steine, Baumstümpfe, Reifen, Stühle/Bänke

Alle Kinder bewegen sich im Rahmen eines abgegrenzten Spielfelds im Freien. Dort stehen Stühle/Bänke, liegen Reifen, große Steine oder Baumstümpfe. Wenn die Spielleitung ruft: „Die wilden Kerle kommen! Rette sich, wer kann!", muss jedes Kind auf einen Stein springen oder sich anders „in Sicherheit" bringen. Wer sich nicht retten konnte, muss das Spielfeld verlassen. Dieses Kind warnt nun vor den wilden Kerlen.

Wilde Kerle vom fremden Stern

Alter: ab 6 Jahren
Mitspieler: ab 4 Kindern
Spieldauer: ca. 15 Minuten

Die Hälfte der Kinder spielt die wilden Kerle von einem fremden Stern. Sie haben noch nie in ihrem Leben Menschen gesehen und wissen nicht, was das für Wesen sind und was die so alles tun. Sie kennen die Sprache und die Zeichen der Menschen nicht. Und sie haben eine eigene Sprache und ganz eigene Zeichen (die denken sich die Kinder vorher aus).

Der andere Teil der Gruppe gehört zu den Erdenbewohnern. Nun müssen sich die beiden Gruppen verständigen. Ziel ist es, dass die Erdenbewohner die wilden Kerle friedlich stimmen und sie dazu bewegen, mit ihnen gemeinsam etwas zu spielen, eine Mahlzeit einzunehmen oder gemeinsam ein Lied zu singen.

Pyramidenverstecken

Alter: ab 7 Jahren
Mitspieler: ab 4 Kindern
Spieldauer: ca. 5 Minuten
Material: 3 kleine Holzstöcke

Die Kinder setzen aus drei Stöcken eine Pyramide zusammen. Das Kind, das als Sucher ausgewählt wurde, zählt langsam bis zwanzig, während sich die anderen Kinder verstecken. Ist ein Kind gefunden, ruft der Sucher den Namen des Kindes, das dann ausscheiden muss. Ausgeschiedene Kinder können aber befreit werden, wenn es einem Kind gelingt, unentdeckt die Pyramide umzustoßen. Während der Sucher die Pyramide wieder aufbaut, dürfen sich alle ausgeschiedenen Kinder wieder verstecken. Das Spiel wird nach einer vorher zu vereinbarenden Zeit beendet.

Höhlenforscher bei der Arbeit

Alter: ab 4 Jahren
Mitspieler: ab 3 Kindern
Spieldauer: ca. 10 Minuten
Material: Reifen

Alle Kinder stehen in einer Reihe hintereinander. Sie halten einander an den Händen fest. Das erste Kind in der Reihe hat einen Reifen in der Hand. Das ist der Ausgang der Höhle, in der sich die Kinder als Höhlenforscher gerade befinden. Nun wollen sie die Höhle verlassen. Das können sie tun, dürfen dabei aber nicht die Hände voneinander lösen.

Haben die Kinder das geschafft, marschieren die Höhlenforscher in einem weiteren Durchgang wieder zurück in die Höhle.

Ein Platz im Spinnennetz

Alter: ab 4 Jahren
Mitspieler: ab 4 Kindern
Spieldauer: ca. 5 Minuten
Material: sehr langes Seil, evtl. Zeltheringe

In einem Gelände mit vielen Bäumen „webt" die Spielleitung vorab mit dem langen Seil ein Spinnennetz. Es kann aber auch mit Zeltheringen auf dem Boden gewebt werden. Das Netz muss so gewebt werden, dass Löcher entstehen, in die die Kinder schlüpfen können, und zwar ein Loch weniger als Kinder mitspielen.

Die Kinder bewegen sich nun laufend oder hüpfend um das Spinnennetz herum. Wenn die Spielleitung in die Hände klatscht, muss jedes Kind in ein Loch springen. Das Kind, das kein Loch erwischt hat, ist die Spinne. Es läuft von einem Kind zum anderen und befreit alle aus dem Netz. Dann beginnt die nächste Spielrunde.

Fühlspiel

Alter: ab 4 Jahren
Mitspieler: ab 2 Kindern
Spieldauer: ca. 10 Minuten
Material: große Decke

Alle Kinder schwärmen im Gelände aus. Jedes Kind bringt ein Teil aus der Natur mit, das unbemerkt von den anderen Kindern unter der Decke versteckt wird (das darf aber nichts Unangenehmes sein). Dann setzen sich die Kinder um die Decke herum, nacheinander darf jeder unter die Decke greifen und einen Gegenstand ertasten und raten, was es sein kann. Die Spielleitung kontrolliert verdeckt, ob das Kind mit seiner Vermutung recht hat. Wurde der Gegenstand richtig erraten, darf er unter der Decke hervorgeholt werden.

Wer sitzt denn da?

Alter: ab 4 Jahren
Mitspieler: ab 4 Kindern (gerade Anzahl)
Spieldauer: ca. 5 Minuten

Je zwei Kinder sitzen sich gegenüber. Sie halten die Augen geschlossen. Sind wirklich alle Augen geschlossen, wechselt die Hälfte der Kinder unter Geleit der Spielleitung vorsichtig die Plätze. Nun versuchen alle Kinder durch sachtes Abtasten zu erraten, wer ihnen gegenüber sitzt.

Hans im Glück

Alter: ab 5 Jahren
Mitspieler: ab 3 Kindern
Spieldauer: ca. 20–30 Minuten
Material: verschiedene Gegenstände

Vorab erzählt die Spielleitung die Geschiche von „Hans im Glück“, der einen Goldklumpen nach und nach in Steine eintauscht – und dabei zufrieden ist.

Jedes Kind bekommt nun einen Tauschgegenstand oder sucht sich selbst einen aus (ein Stift, eine Glasmurmel, ein selbst gemaltes Bild o. Ä.).

Diesen Gegenstand gilt es zu tauschen. Große Kinder können in der Nachbarschaft ausschwirren, kleine machen ihr Tauschgeschäft in der KiTa. Anschließend berichten alle über ihre Erfahrungen in der Rolle des Hans im Glück.

Maus unterm Fallschirm

Alter: ab 4 Jahren
Mitspieler: 6–12 Kinder
Spieldauer: ca. 3 Minuten
Material: großes Schwungtuch oder großes Seidentuch

Ein Kind krabbelt als Maus unter das Schwungtuch, den Fallschirm. Der wird von einer Reihe anderer Kinder festgehalten. Ein wilder Kerl steht auf dem Schwungtuch und will versuchen, die Maus zu fangen. Die anderen Kinder können das verhindern, indem sie das Tuch entsprechend schwingen: Viele Wellen entstehen lassen, damit der wilde Kerl nicht sieht, wo die Maus gerade steckt.

Wilde Kerle auf Reisen

Alter: ab 3 Jahren
Mitspieler: ab 4 Kindern
Spieldauer: ca. 20 Minuten
Material: Stühle

Die Stühle werden so aufgestellt, dass sie ein Zugabteil bilden. In diesem Zugabteil sitzen ein oder zwei Passagiere. Sie stellen pantomimisch ihre Reise dar (der Zug fährt an, jemand holt seine Verpflegungstüte hervor, man erzählt sich gegenseitig etwas etc.). Die anderen Kinder (einige davon schlüpfen in die Rolle des wilden Kerls) können sich nach und nach in das Spiel einklinken. Was passiert, wenn ein wilder Kerl in das Abteil kommt? Wie benimmt er sich?

Auch andere Rollen sind möglich: Schaffner, Polizist, alte Frau, Baby...

Die meisten Spiele können durch Ideen der Kinder bereichert, weiterentwickelt und immer wieder neu variiert werden. Kindern macht es Spaß, Spiele laufend zu wiederholen, dabei neue Regeln zu entwickeln und sie hierbei immer wieder neu zu erfinden. Als Spielleitung sollten Sie die Ideen der Kinder aufgreifen und so die Spiele lebendig halten.

Kooperative Wilde-Kerle-Spiele

Herausforderungen gemeinsam meistern

Das gemeinsame Bewältigen einer Aufgabe kann durchaus abenteuerlichen Charakter und so für unsere wilden Kerle einen Reiz haben. Besonders wichtig sind diese Spielformen, weil die Fähigkeit zu kooperieren eine elementare Zukunftsfähigkeit ist. Wir alle sind abhängig von unserer sozialen Umwelt und an jedem Einzelnen liegt es, diese so zu gestalten, dass Probleme gelöst und Menschen friedlich zusammenleben können.

Im Rahmen der kooperativen Spiele erfahren Kinder, dass es sehr genussvoll sein kann, gemeinsam ein Ziel zu erreichen. Sie können sich ihrer eigenen Fähigkeiten bewusst werden und sich als ein Teil der Gruppe erleben. Kinder lernen dabei viel von- und miteinander, ohne dabei belehrt zu werden. Es ist für den nachhaltigen Lernerfolg von entscheidender Bedeutung, dass nicht der Erwachsene vorgibt, wie sich die Kinder zu verhalten haben. Sie entdecken es selbst und steigern damit ihr Selbstwertgefühlt. Sie lernen ihre Fähigkeiten und auch ihre Grenzen besser kennen, werden von den anderen Kindern unterstützt, angefeuert, ermutigt. Sie werden zudem auch ermuntert, Grenzen zu überschreiten und erfahren so oft, dass sie sich viel mehr zutrauen und zumuten können, als sie bisher wussten. Sie wählen sich ihre Aufgabe vorwiegend eigenständig aus und tragen mit ihren ganz besonderen und „eigensinnigen“ Fähigkeiten dazu bei, dass ein Erfolg erzielt oder ein gemeinsamer Misserfolg ertragen wird.

Kronkorken sammeln

Alter: ab 4 Jahren
Mitspieler: 6–12 Kinder (Dreiergruppen)
Spieldauer: ca. 5 Minuten
Material: Kronkorken (oder Steine, Perlen)

Die Spielleitung hat in einem abgegrenzten Spielfeld etliche Kronkorken verteilt. Nun fassen sich jeweils 3 Kinder an den Händen und sammeln die Kronkorken auf, so viele wie möglich. Dabei haben sie allerdings ein Handicap: Das mittlere Kind kann nicht mitsammeln und muss außerdem von den anderen beiden Kindern rücksichtsvoll behandelt werden. Die Dreiergruppe, die die meisten Kronkorken einsammelt, hat nicht nur gewonnen, sondern mit großer Sicherheit auch sehr kooperatives Verhalten gezeigt.

Das Spiel der Kinder ist häufig schon im Kindergartenalter auf Wettbewerb und Konkurrenz ausgerichtet. Dabei ist es wesentlich sinnvoller, Kinder zu kooperativem Verhalten zu ermuntern. Große Firmen setzen schon heute mehr auf Kompetenzen wie Mündigkeit, Kommunikation, Teamfähigkeit, Kooperationsfähigkeit und Kreativität statt einseitig auf Fachkompetenz. Auch die Ziele in unserer demokratischen Gesellschaft wie Freiheit, Autonomie, Gerechtigkeit und Solidarität sind nur mit kooperativen Verhaltensweisen erreichbar.

Frühstück im Baum

Alter: ab 6 Jahren
Mitspieler: ab 2 Kindern
Spieldauer: ca. 30 Minuten
Material: Kletterbaum, Eimer, Seile, Haken, Frühstücksutensilien

Die Spielleitung lädt die Kinder zu einem Frühstück im Kletterbaum ein. Das muss ein bisschen organisiert werden und braucht vielleicht auch Hilfe von Erwachsenen. Es müssen Rastplätze im Baum geschaffen werden und mit gemeinsamer Anstrengung muss das Frühstück auf den Baum befördert werden. Aber dann kommt das große Vergnügen.

Sachensucher

Alter: ab 5 Jahren
Mitspieler: ab 4 Kindern
Spieldauer: ca. 10 Minuten

Die Kinder teilen sich in Gruppen auf und suchen ganz bestimmte Sachen, auf deren Tauglichkeit und Bewertung sie sich einigen müssen. Ihre Aufgabe lautet: Sucht folgende Dinge und bringt, stellt sie auf einem Tisch, hübsch dekoriert aus:

- etwas besonders schön Glitzerndes,
- etwas Stacheliges,
- etwas extrem Hässliches (ersatzweise etwas Ekliges),
- etwas Knallrotes.

Blindschleiche unterwegs

Alter: ab 3 Jahren
Mitspieler: ab 6 Kindern
Spieldauer: ca. 5 Minuten

Alle Kinder stellen sich hintereinander auf und fassen sich an den Schultern. Da sie eine Blindschleiche darstellen, halten sie alle die Augen geschlossen. Nur das erste Kind kann sehen. Es führt die anderen geschickt durch ein abwechslungsreiches Gelände. Vielleicht ist auch das ein oder andere Hindernis zu bewältigen.

Nach einer Weile kann der „Kopf" der Blindschleiche ausden.

König der wilden Kerle

Alter: ab 5 Jahren
Mitspieler: ab 6 Kindern
Spieldauer: ca. 15 Minuten
Material: Goldpapier, Glitzersteine, Klebstoff, Schere

Jedes Kind bastelt sich aus Goldpapier eine Krone. Außerdem bekommt jedes Kind 5 Glitzersteine. Nun gehen alle Kinder herum und verkünden, dass sie gerne König der wilden Kerle werden und deswegen einen Glitzerstein für die Krone geschenkt bekommen möchten. Die eigenen Steine dürfen nicht für die Krone benutzt werden. Die Kinder müssen also klug argumentieren, um von den anderen beschenkt zu werden. Wer die meisten Steine auf seine Krone kleben kann, wird am Ende zum König/zur Königin gekürt.

Einfrieren und auftauen

Alter: ab 5 Jahren
Mitspieler: ab 4 Kindern
Spieldauer: ca. 10 Minuten
Material: pro Kind ein Sandsäckchen oder eine Socke mit Vogelsand

Jedes Kind setzt sich seine Sandsocke auf den Kopf und tanzt damit geschickt durch ein Spielfeld. Mit etwas lebhafter Musik dazu, macht der Tanz noch mehr Spaß. Verliert ein Kind beim Tanz sein Sandsäckchen „friert es ein“: es erstarrt in der gerade eingenommenen Pose. Es kann wieder aufgetaut werden, wenn ein anderes Kind zu Hilfe kommt, das Sandsäckchen aufhebt und dem erstarrten Kind auf den Kopf setzt.

Der Bestimmer hat den Hut auf

Alter: ab 4 Jahren
Mitspieler: ab 4 Kindern
Spieldauer: ca. 3 Minuten
Material: Hut

Ein Kind hat einen Hut auf dem Kopf. Wer den Hut auf hat, der bestimmt, was alle Kinder zu tun haben: auf einem Bein hüpfen, wie wilde Kerle schreien, auf dem Po durch den Raum rutschen ... Ist die Aufgabe erfüllt, wird der Hut weitergegeben.

Umarmungsnummer

Alter: ab 4 Jahren
Mitspieler: ab 2 Kindern (Zweiergruppen)
Spieldauer: ca. 3 Minuten

Die Kinder laufen durch den Raum. Auf ein Zeichen hin sucht sich jedes Kind ein anderes Kind, das es umarmen kann. Die Umarmung dauert so lange, wie die beiden Kinder gleichzeitig summen können, ohne Atem zu holen. Holt ein Kind Luft, wird die Umarmung gelöst und der nächste Umarmungspartner wird gesucht.

Hinweis: Für Kinder, die nicht umarmt werden möchten, entscheidet die Spielleitung von Fall zu Fall über alternative Begegnungsformen: die Handflächen aufeinander legen, sich in die Augen schauen usw.

Fliegendes Ei

Alter: ab 6 Jahren
Mitspieler: ab 4 Kindern
Spieldauer: ca. 15 Minuten
Material: pro Gruppe ein hart gekochtes Ei, eine Rolle Klebstreifen, ein Paket dicke Plastikstrohhalme (etwa 100 Stück)
Material für die Variation 1: Pfeifenputzer

Die Kinder teilen sich in Gruppen zu je 2–4 Mitspielern auf. Aufgabe der Gruppen ist es, ihr Ei zum „Fliegen" zu bringen. Damit das gelingt, muss es mit den vorhandenen Materialien so verpackt oder geschützt werden, dass es nicht kaputt geht, wenn es von einem 3 Meter hohen Punkt auf einen harten Untergrund fallen gelassen wird. Das Ei darf nicht aufgefangen werden, es dürfen keine zusätzlichen Materialien verwendet werden und der Boden darf nicht gepolstert sein.

Variation 1: Statt der Strohhalme werden Pfeifenreiniger benutzt. In diesem Fall kann auf das Klebeband verzichtet werden.

Variation 2: Die Kinder bekommen kein Verpackungsmaterial für das fliegende Ei. Sie haben 10 Minuten Zeit, selbst schützende Materialien auszuwählen und zu besorgen.

Zu zweit malen

Alter: ab 4 Jahren
Mitspieler: ab 2 Kindern (gerade Anzahl)
Spieldauer: ca. 10 Minuten
Material: pro Zweiergruppe ein Blatt Papier und ein Stift

Zwei Kinder sitzen mit einem Wachsmalstift vor einem Blatt Papier. Sie erhalten die Aufgabe, den Stift gemeinsam festzuhalten und ohne miteinander zu sprechen ein Bild zu malen.
Ist die Aufgabe erledigt, wird über die Erfahrungen gesprochen:

- Gab es einen Bestimmer, obwohl nicht geredet wurde?
- Wer hat sich bei der Motivwahl durchgesetzt?
- Wie hat er sich durchgesetzt?
- Warum hat der andere nachgegeben und sich führen lassen?
- Gab es ärgerliche Momente?

Baumstammlaufen

Alter: ab 4 Jahren
Mitspieler: ab 2 Kindern
Spieldauer: ca. 5 Minuten
Material: liegender Baumstamm oder schmale Bank

Ein oder zwei Kinder auf jeder Seite beginnen, auf dem Baumstamm oder der schmalen Bank entlang zu gehen, um das andere Ende zu erreichen. Etwa in der Mitte begegnen sich die Kinder. Ihre Aufgabe besteht darin, so geschickt aneinander vorbeizukommen, dass niemand vom Baumstamm abspringen muss.

Sortieren

Alter: ab 4 Jahren
Mitspieler: ab 6 Kindern
Spieldauer: 5–10 Minuten
Material: liegender Baumstamm oder schmale Bank

Die Kinder stehen alle vor dem Baumstamm bzw. der schmalen Bank und bekommen von der Spielleitung nacheinander folgende Sortierungsaufgaben: Sortiert euch nach

- Alter (immer von links beginnend, dort kann auch ein Zeichen gesetzt werden: +),
- Größe,
- Schuhgröße,
- Haarlänge,
- Anzahl der Geschwister.

Baumstammrollen

Alter: ab 6 Jahre
Mitspieler: 6–10 Kinder
Spieldauer: ca. 3 Minuten

Die Kinder liegen wie Baumstämme Schulter an Schulter auf dem Bauch im Gras. Ein Kind, das vorher schon ausgewählt wurde, legt sich in Bauchlage quer auf die schon liegenden. Wenn die Spielleitung das Startzeichen gibt, rollt sich das Kind vorsichtig über alle anderen. Das gelingt am besten, wenn das rollende Kind ordentlich Körperspannung aufbaut. Das geschieht in der Regel ganz von allein.

Pfützenüberquerung

Alter: ab 5 Jahren
Mitspieler: ab 2 Kindern
Spieldauer: ca. 10 Minuten
Material: regenfeste Kleidung, Dosen, Bretter, Autoreifen und andere Dinge, die man zur Überquerung einer Pfütze brauchen kann

Die Kinder überlegen gemeinsam, wie sie eine große Pfütze überqueren können, ohne nasse Füße zu bekommen. Wenn zwei Gruppen gegeneinander spielen, kann es darum gehen, möglichst viele Kinder trocken auf die andere Seite der Pfütze zu bekommen. Da gibt es viele Möglichkeiten: manche Kinder schaffen es vielleicht mit einem Sprung, andere müssen hinüber getragen werden oder sie benutzen Hilfsmittel.

Turmbau

Alter: ab 7 Jahren
Mitspieler: ab 4 Kindern (gerade Anzahl)
Spieldauer: ca. 20 Minuten
Material: pro Gruppe einen Hunderterpack Plastikstrohhalme, Klebstreifen

Zwei gleich große Gruppen bekommen die Aufgabe, aus dem bereitgelegten Material einen möglichst hohen und stabilen Turm zu bauen. Bei dieser kooperativen Übung geht es auch um Planungskompetenz, Kreativität, Fantasie und Geschicklichkeit.

Wilde Kerle müssen verschnaufen

Spiele zum Lockerlassen und Entspannen

Gerade sehr lebhafte Kinder benötigen für ihre physische und psychische Gesundheit ein Gleichgewicht zwischen Anspannung und Entspannung. Für Kinder, die ständig „unter Strom stehen", kann das Fehlen von Entspannungsmöglichkeiten zu Störungen der Konzentration und des Sozialverhaltens führen; auch die Fähigkeit, Neues zu lernen, kann eingeschränkt sein.

Auch wilde Kerle können nicht dauernd auf Hochtouren laufen. Irgendwann ist „die Luft einfach raus“. Und das ist gut so, denn ständige Spannung kann auch zu Nervosität, Angst, Konzentrationsproblemen und Schlaflosigkeit führen. Deshalb ist es wichtig, Kindern zu vermitteln, wie eine gesunde Balance zwischen Spannung und Herausforderung einerseits und Entspannung andererseits aussehen kann. Dazu ist es auch notwendig, dass Kinder das Gefühl von Spannung und Entspannung überhaupt wahrnehmen können.
Durch Entspannungsspiele, einfache Atemübungen, Spiele, die die Fantasie anregen, können Kinder einen bewussten Zugang zu ihren Gefühlen und Körperempfindungen bekommen.
Kinder, die es gelernt haben, sich auch während des Tages zu entspannen, leben gesünder und bewusster. Wer sich entspannt hat, lenkt seine Aufmerksamkeit nach innen und schiebt Anstrengung und Leistungsdruck von sich. Die Atmung vertieft sich, und ein Zustand innerer Achtsamkeit wird geschaffen. Entspannte Kinder sind auch seltener krank.

Entspannungsübungen tragen dazu bei, dass Kinder
- ihren Körper kennenlernen und annehmen,
- lernen, ihrem Körper und ihren motorischen Fähigkeiten zu vertrauen,
- Belastungen besser verarbeiten können,
- ein positives Selbstkonzept aufbauen und in ihrem sozialen Handeln gestärkt werden,
- erfahren, dass Erlebtes durch Stille verarbeitet wird,
- lernen, mit Stress und Leistungsdruck umzugehen,
- emotionale Spannungen abbauen,
- Lernbereitschaft entwickeln,
- ihre Haltung verbessern und dadurch Verspannungen lösen.

Traumspaziergang

Alter: ab 4 Jahren
Mitspieler: ab 1 Kind
Spieldauer: ca. 10 Minuten
Material: Matte oder weiche Kissen

Die Kinder sitzen oder liegen bequem und halten die Augen geschlossen. Die Spielleitung erzählt nun: „Stell dir vor, du möchtest jetzt ein Stück spazieren gehen. Der Himmel ist blau, die Sonne scheint, du spürst den warmen Boden unter deinen Füßen. Deine Füße tasten sich vorwärts. Du spürst hohes Gras an deinen Waden und hörst es rascheln. Jetzt verlässt du das Gras und setzt deine Füße auf einen steinigen Schotterweg. Du spürst jeden einzelnen piksenden Stein unter deinen Füßen. Ein kleiner Stein versteckt sich zwischen deinen Zehen. Nun wird es feucht unter deinen Füßen, der Boden ist matschig und jetzt trittst du in eine Pfütze. Im Wald fühlst du dann den weichen Moosboden unter dir. Wohin gehen deine Füße jetzt? Was spürst du? Öffne jetzt langsam wieder deine Augen. Wenn du magst, erzähle, was du gerade erlebt hast."

Traum- oder Fantasiereisen gehören zu den beliebtesten Entspannungstechniken. Sie sind jedoch durchaus mit Vorsicht anzuwenden. Beschränken Sie sich bei der Themenwahl auf Alltagsthemen und sprechen Sie keine Probleme oder ungeklärte Situationen an. Manche Kinder können sich so stark in die Fantasiewelt hineinsteigern, dass es für Laien schwer ist, sie wieder in die reale Welt zu holen. Achten Sie deswegen ganz genau darauf, wie ein Kind auf eine solche „Reise" reagiert.

Pflanzen im Jahreskreis

Alter: ab 3 Jahren
Mitspieler: ab 2 Kindern
Spieldauer: ca. 5 Minuten

Die Kinder sitzen im Kreis. Die Spielleitung bittet die Kinder, eine Pflanze zu spielen und deren Bewegungen nachzuahmen: Im Winter sitzt die kleine Pflanze schwach und zusammengekauert auf dem Boden. Im Frühling erwacht sie langsam, wenn sie vom Sonnenlicht berührt wird. Sie wird immer größer und größer. Sie streckt ihre Blätter aus. Im Sommer, wenn es schön warm ist und die Sonne scheint, steht sie aufrecht, öffnet ihre Blütenblätter und wiegt sich im Wind. Im Herbst scheint die Sonne nicht mehr so oft. Deswegen sinkt die Pflanze langsam wieder zusammen, die ersten Blätter fallen ab. Im Winter wird die Pflanze wieder ganz klein und schwach.

Baumstark

Alter: ab 4 Jahren
Mitspieler: ab 1 Kind
Spieldauer: ca. 5 Minuten

Die Kinder stehen mit beiden Füßen fest auf dem Boden. Sie stellen sich vor, sie wären ein Baum. Die Spielleitung begleitet die Fantasie vielleicht mit folgenden Kommentaren: Überlege dir, was du für ein Baum bist. Bist du ein großer kräftiger Baum oder eher ein kleiner zarter? Hast du Blätter oder Blüten? Nisten in dir vielleicht Vögel? Wo stehst du? Liegt Schnee auf deinen Ästen oder ist es Sommer? Jetzt kommt ein kräftiger Wind. Deine Äste bewegen sich, schwanken hin und her. Der Wind lässt langsam nach und du stehst wieder ganz still.

Ein großer Luftballon

Alter: ab 3 Jahren
Mitspieler: ab 1 Kind
Spieldauer: ca. 3 Minuten

Die Kinder verwandeln sich in einen Luftballon. Der liegt zunächst ganz schlaff auf dem Boden. Aber dann wird er von einem anderen Kind aufgeblasen. Ganz langsam, ein Atemzug nach dem anderen. Und mit jedem Atemzug wird der Ballon größer (das Kind plustert sich auf, macht sich immer größer). Zum Schluss wird die Luft wieder aus dem Ballon herausgelassen und er sinkt wieder in sich zusammen.

Der fliegende Teppich

Alter: ab 4 Jahren
Mitspieler: ab 1 Kind
Spieldauer: ca. 10 Minuten
Material: kleiner Teppich

Die Spielleitung erklärt einen kleinen Teppich zu einem fliegenden Teppich. Der fliegende Teppich ist etwas ganz Besonderes. Wenn man ihn betritt, wird man ganz stark und alle Wünsche gehen in Erfüllung. Spielleitung und Kind betreten gemeinsam den Teppich und begeben sich dann in das Land der Träume.

Wie werden die neugewonnenen Kräfte eingesetzt?
Wer soll noch auf die Reise mitgenommen werden?
Wohin geht die Reise mit dem Teppich?
Was gibt es unterwegs zu entdecken?

Urlaubsfotos

Alter: ab 4 Jahren
Mitspieler: ab 2 Kindern
Spieldauer: ca. 15 Minuten

Die Kinder bummeln durch ein Spielfeld oder einen Raum. Zwischendurch halten sie an, um ein Foto zu machen. Dabei posieren sie immer wieder, unterschiedliche Posen und unterschiedliche Objekte auswählend. Die Posen dürfen dabei ausdrücklich verrückt und ungewöhnlich sein.

Hinweis: Die Spielleitung kann das Spiel mit einem Fotoapparat begleiten und einige echte Aufnahmen machen.

Der Fotograf

Alter: ab 6 Jahren
Mitspieler: ab 2 Kindern (gerade Anzahl)
Spieldauer: ca. 10 Minuten

Zwei Kinder, eines Fotograf, eines Kamera, gehen durch ein abgegrenztes Spielfeld. Der Fotograf führt dabei seine „Kamera" an den Schultern durch die Landschaft. Die Linse der Kamera (die Augen des Kamera-Kindes) ist noch geschlossen. Ist ein Motiv vom Fotografen ausgewählt, wird die Kamera in die richtige Richtung gedreht, öffnet die Linse, macht „Klick" (ein leichtes Tippen auf den Kopf) ein Foto entsteht (im Kopf des Kindes). Der Fotograf macht 3–5 Bilder, dann geht er mit der Kamera zurück an den Ausgangspunkt. Nun verwandelt sich die Kamera wieder in ein Kind und das sucht jetzt nach den Motiven, die es fotografiert hat. Anschließend werden die Rollen getauscht.

Paarmassage

Alter: ab 6 Jahren
Mitspieler: ab 2 Kindern (gerade Anzahl)
Spieldauer: ca. 10 Minuten
Material: pro Spielerpaar eine Isomatte und ein kleiner (Tennis-) Ball

Ein Kind liegt bäuchlings auf dem Boden auf einer Isomatte. Das andere Kind kniet daneben. Das liegende Kind darf sich eine Massageform (Berührung) wünschen, die ihm gut tut: den Ball über den Nacken rollen, leicht mit den Händen den Rücken klopfen, streicheln usw.

Dann werden die Positionen gewechselt. Anschließen erzählen die Kinder sich gegenseitig, was schön und was nicht so schön war.

Pizzateigmassage

Alter: ab 4 Jahren
Mitspieler: ab 2 Kindern (gerade Anzahl)
Spieldauer: ca. 10 Minuten

Das Kind liegt auf dem Bauch auf einer Matratze oder auf einer Wiese. Der Spielpartner, „bäckt" jetzt auf dem Rücken des Kindes eine Pizza. Der Teig wird geknetet (mit den Händen erst sanft, dann kräftiger kneten), ausgerollt (mit den Handkanten leicht aufschlagen), mit Tomatensoße bestrichen und belegt (mit den Händen wischen und leicht auf den Rücken patschen). Dann wird Käse darüber gestreut (mit den Fingerspitzen tippen) und schließlich ein Tuch auf den Teig gelegt (mit den Händen einmal großflächig über den Rücken wischen), damit er ruhen kann.

Der Kreativität sind wenig Grenzen gesetzt, die Geschichte lässt sich ausbauen.

Wettermassage

Alter: ab 4 Jahren
Mitspieler: ab 2 Kindern
Spieldauer: ca. 5 Minuten

Alle Kinder setzen sich im Schneidersitz auf den Boden, eine knappe Armlänge voneinander entfernt. Die Spielleitung setzt sich hinter das erste Kind. Mit den Händen auf dem Rücken des „Vordermenschen“ wird nun das Wetter dargestellt. Das macht jeder so, wie er es sich vorstellt: Bei Sonnenschein streichelt die Hand vielleicht leicht über den Rücken, bei Nieselregen klopfen die Fingerspitzen auf den Rücken und bei Hagel geht es etwas derber zu.

Die Spielleitung gibt zunächst das Wetter vor, dann ist ein Kind nach dem anderen der „Wetterfrosch“.

Variation: Die Wettermassage funktioniert natürlich auch zu zweit. Dabei liegt einer auf dem Bauch, der andere massiert den Rücken des Liegenden. Nach einer Weile werden die Rollen getauscht.

Apfelmeditation

Alter: ab 3 Jahren
Mitspieler: ab 3 Kindern
Spieldauer: ca. 10 Minuten
Material: unterschiedliche Äpfel

Alle Kinder halten die Augen geschlossen. Nun bekommt jedes Kind einen Apfel. Die Äpfel unterscheiden sich deutlich voneinander. Die Kinder machen sich mit dem Apfel so vertraut, dass sie ihn später wiedererkennen können. Nach einigen Minuten werden die Äpfel eingesammelt und auf eine Bank gelegt. Nun versuchen die Kinder ihren Apfel mit offenen Augen unter allen Äpfeln herauszufinden.

Hinweis: Das Spiel lässt sich auch mit unterschiedlichen Steinen spielen.

Wecker suchen

Alter: ab 3 Jahren
Mitspieler: ab 1 Kind
Spieldauer: ca. 5 Minuten
Material: Wecker

Die Spielleitung versteckt den Wecker in einem Raum. Dann dürfen die Kinder hereinkommen und sollen den tickenden Wecker suchen. Dafür muss es ganz still im Raum sein, damit die Kinder sich am Ticken orientieren können. Wer den Wecker gefunden hat, darf ihn als nächstes verstecken.

Variante für ältere Kinder: Wer den Wecker gefunden hat, lässt sich das nicht anmerken und setzt sich mitten in den Raum auf den Boden. Wenn alle Kinder sitzen, ist das Spiel beendet. Während das letzte Kind sucht, darf ihm durch Zurufe wie „heiß" und „kalt" geholfen werden.

Geräusche wahrnehmen

Alter: ab 3 Jahren
Mitspieler: ab 1 Kind
Spieldauer: ca. 10 Minuten

Alle Kinder liegen im Gras. Sie achten genau auf die Geräusche um sich herum. Wenn man die Augen schließt, fällt die Konzentration auf das Hören leichter.

Zunächst geht es um die Geräusche, die die Natur zu bieten hat. Aber auch ein Kind darf ab und zu leise Geräusche von sich geben. Wer so ein Geräusch identifizieren und das Kind benennen konnte, darf der nächste „Geräuschmacher" sein.

Gläserorgel

Alter: ab 3 Jahren
Mitspieler: ab 1 Kind
Spieldauer: ca. 10 Minuten
Material: 6 Weingläser, Gefäß mit Wasser, Löffel

Mit einer Glasorgel lässt sich prima musizieren und entspannen. Die Spielleitung gießt in die Weingläser Wasser und füllt sie unterschiedlich, dann ist auch der Klang verschieden. Die Gläser werden nebeneinander gestellt und vorsichtig mit einem Löffel angeschlagen. Die Kinder lauschen, bis der Ton verklungen ist, und schlagen dann das nächste Glas an. Durch Auffüllen oder Ausgießen von Wasser kann die Tonhöhe verändert werden.

Heißer Stein

Alter: ab 3 Jahre
Mitspieler: ab 2 Kindern
Spieldauer: ca. 20 Minuten
Material: mittelgroße Steine

Alle gehen gemeinsam auf die Suche nach schönen runden und glatten Steinen. Sie sollten etwa so groß sein wie eine Kinderhand. Haben alle ihren Stein gefunden, wird er in den Backofen gelegt und erwärmt. Sind sie schön lauwarm, werden sie mit Handcreme eingesalbt. Nun eigenen sie sich hervorragend als warme Handschmeichler oder für eine Massage.

Ruhebilder malen

Alter: ab 4 Jahren
Mitspieler: ab 1 Kind
Spieldauer: ca. 15 Minuten
Material: pro Kind ein großes Blatt Papier und Farbstifte in den Farben Blau, Grün, Lila, Orange

Die Spielleitung bittet die Kinder, ein Ruhebild zu malen, ohne weitere Anregungen zu geben. Wenn ein Kind Anregungen benötigt, können Impulse gegeben wie: „Schließe deine Augen eine Weile und denke an einen schönen Sommertag, male das, was du jetzt siehst."

> Malen entspannt die meisten Kinder. Sie sitzen in der Regel sehr ausdauernd über ihrem Werk und sind am Ende stolz auf das Ergebnis, das zwar besprochen, nicht aber bewertet werden sollte. Es macht oft keinen Sinn, das Bild zu interpretieren oder das Kind zu fragen, was es da gemalt hat. Es malt aus purer Freude und entspannt sich dabei. Viele Fragereien können diesen Aspekt zunichte machen.

Wolkenbilder schauen

Alter: ab 3 Jahren
Mitspieler: ab 1 Kind
Spieldauer: ca. 15 Minuten

Alle legen sich gemeinsam mit dem Rücken auf eine Wiese. Der Tag muss schön sein und trotzdem sollten ein paar Wolken am Himmel nicht fehlen (notfalls werden die Augen geschlossen und die Wolkenbilder erdacht). Wenn alle liegen und eine Weile in den Himmel geschaut haben, darf jedes Kind erzählen, was es gerade sieht.

Yoga auch für wilde Kinder

Alter: ab 4 Jahren
Mitspieler: ab 1 Kind
Spieldauer: ca. 5 Minuten
Material: pro Kind eine Isomatte

Die „Sonne" ist eine einfache Yogaübung, die schon mit kleinen Kindern gut durchgeführt werden kann. Die Spielleitung dehnt die Geschichte aus, indem sie erzählt, was die Sonne auf der Erde so alles sieht:

Du kennst doch den Lauf der Sonne, sie geht morgens auf, mittags hat sie ihren höchsten Stand, und abends geht sie wieder unter. Stell dich mit leicht gespreizten Beinen hin und lass die Arme locker hängen. Du bist die Sonne, die langsam am frühen Morgen aufgeht. Atme langsam und gleichmäßig und heb die ausgestreckten Arme ganz langsam hoch. Gemächlich geht die Sonne auf, steigt immer höher und höher. Langsam wird es Mittag, dann hat die Sonne den höchsten Punkt erreicht und deine Handflächen treffen aufeinander. Jetzt steht die Sonne ganz oben am Himmel, aber nicht lange, dann beginnt sie schon wieder langsam zu sinken. Dreh deine Handflächen nach außen und lass die Arme ausgestreckt ganz langsam sinken. Lass dir Zeit und atme ruhig und gleichmäßig weiter. Die Sonne hat es nicht eilig, sie will ja, dass Menschen, Tiere und Pflanzen auf der Erde viel Licht und Wärme bekommen. Sie sinkt und sinkt ganz allmählich, aber unaufhaltsam. Wenn deine Arme an den Beinen liegen, ist die Sonne untergegangen. Um sie noch tiefer sinken zu lassen, gehst du langsam in die Knie und atmest dabei ganz tief aus. Die Sonne ist zur Ruhe gekommen.

Schaukeldecke

Alter: ab 4 Jahren
Mitspieler: ab 1 Kind
Spieldauer: ca. 5 Minuten
Material: Decke

Ein Kind liegt auf einer Decke. Zwei andere Personen (sie müssen natürlich kräftig genug sein; eventuell sind größere Kinder in der Gruppe, die die Spielleitung unterstützen) schaukeln das Kind sanft. Das Kind in der Schaukel darf Wünsche äußern und bestimmen, ob es sanft oder etwas wilder geschaukelt werden möchte und ob es ein kleines Lied vorgesummt oder vorgesungen bekommen möchte.

Tattoo

Alter: ab 5 Jahren
Mitspieler: ab 2 Kindern (gerade Anzahl)
Spieldauer: ca. 10 Minuten

Die Kinder finden sich paarweise zusammen. Ein Kind ist der Tattookünstler, das andere Kind will sich ein Tattoo machen lassen. Der Tattookünstler fragt seinen Kunden, welches Körperteil er bemalen und ob er frei oder nach Anweisung malen soll. Dann geht es los. Der Tattookünstler zeichnet mit einem Finger je nach Wunsch entweder deutliche und einfache Symbole oder ausgefallene Szenen auf die Haut des zu tätowierenden Kindes. Nebenher erklärt der Tattookünstler, wenn es sein „Kunde" wünscht, was er gerade tätowiert. Das Tätowieren geschieht auf sanfte, entspannende Art. Ist das Tattoo fertig, werden die Rollen getauscht.

Der Alltag unserer Kinder wird schon früh durch Reizüberflutung bestimmt. Zusätzlich führt stundenlanges Fernsehen und exzessives Spielen am Computer nicht selten dazu, dass die motorische Entwicklung der stundenlang stillsitzenden Kinder verzögert ist. „Adventurespiele" am Computer liefern Erlebnisse aus zweiter Hand. Eigenständige Bewegung, selbstvergessenes Spiel im Wald oder im Gelände genießen Kinder selten. Eine gesunde Entwicklung ist aber nur möglich, wenn eine Balance zwischen Spannung und Entspannung hergestellt wird, wilde Spiele sich also mit ruhigen, regenerativen Phasen abwechseln.

Flug der Seifenblasen

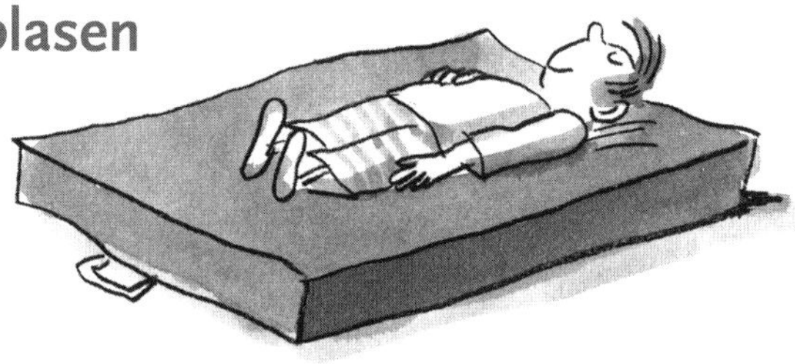

Alter: ab 3 Jahren
Mitspieler: ab 1 Kind
Spieldauer: ca. 5 Minuten
Material: Decke

Jedes Kind legt sich auf dem Rücken auf die Decke und entspannt sich. Die Spielleitung geht um die Kinder herum und pustet dabei Seifenblasen, immer nur ein paar wenige, aber möglichst große. Die Kinder verfolgen die Seifenblasen mit den Augen. Wenn sie niedersinken, können die Kinder versuchen, die Seifenblasen wieder ein Stück hochzupusten, stehen dabei aber nicht auf.

Schwimmende Lichter

Alter: ab 4 Jahren
Mitspieler: ab 1 Kind
Spieldauer: ca. 10 Minuten
Material: Teelichter, große Glasschüssel

Die Spielleitung füllt in die große Glasschüssel Wasser und setzt Teelichter hinein. Dann wird der Raum etwas verdunkelt und alle setzen sich um den Tisch mit der Glasschüssel. Die Kerzen werden angezündet und verströmen ein beruhigendes, sanftes Licht. Die Kinder betrachten die schimmernden Lichter und wer möchte, kann ein leises Lied anstimmen.

Wilde-Kerle-Spiele für Klein und Groß

Kinder und Erwachsene im Zusammenspiel

Wilde Kerle mögen häufig nicht mit der Mama oder der Erzieherin kuscheln, schon gar nicht in der Öffentlichkeit. Im Spiel, beim Rangeln und Toben lässt sich aber auch viel Zuwendung holen. Man fasst sich an, berührt sich, lässt intensive Nähe zu. Man macht etwas gemeinsam, hat Spaß zusammen und erreicht gemeinsam etwas.

Der wichtigste Aspekt für eine gelingende Entwicklung eines Kindes sind stabile Beziehungen. Zunächst sind Vater und Mutter verlässliche Vorbilder, mit der Zeit erweitert sich der Radius auf weitere Bezugspersonen. Wilde Kerle – egal ob Mädchen oder Jungen – präsentieren sich gerne stark und manchmal auch ein bisschen rebellisch. Das soll aber nicht darüber hinwegtäuschen, dass auch sie Bezugspersonen brauchen, die Zeit, Geduld, Liebe und Beziehungsarbeit investieren. Sie brauchen faire Spielpartner, tolerante Verlierer, kooperierende Mitspieler und Konkurrenten. Beim spielerischen Kontakt zwischen Kindern und Erwachsenen ist die Ebene des Kindes maßgebend. Der Erwachsene widmet dem Kind ein hohes Maß an Zuwendung, nimmt an seiner Tätigkeit teil und lernt mit dem Kind gemeinsam. Der erhobene Zeigefinger, die Belehrung gehören nicht in das gemeinsame Spiel. Maxime ist vielmehr ein Diktum der berühmten Pädagogin Maria Montessori: „Hilf deinem Kind, es selbst zu tun!“

Der wilde Kerl ist müde

Alter: ab 3 Jahren
Mitspieler: ab 2 Kindern
Spieldauer: ca. 5 Minuten

Der wilde Kerl (Papa, Mama, die Erzieherin …) liegt müde auf dem Bauch. Zwischendurch muss er sich auf den Rücken drehen. Die kleinen wilden Kerle, die um den Schlafenden herumstehen, ärgern ihn und verhindern mit aller Macht das Umdrehen.

Die Rollen können nach ein paar Minuten getauscht werden.

Die zwei Kängurus

Alter: ab 5 Jahren
Mitspieler: ab 2 Kindern (gerade Anzahl)
Spieldauer: ca. 15 Minuten

Erzählen Sie den Kindern folgende Geschichte:

Es waren einmal zwei Kängurus, die fürchterlich in Streit gerieten. „Ich bin das beste Känguru der Welt! Ich kann viel höher hüpfen als du!“ Und schwups, saß es in einem hohen Baum.

Das andere Känguru war sauer und sagte: „Nein! Ich bin das beste Känguru! Ich kann viel weiter hüpfen als du!“ Und schon während es das schrie, hüpfte es mit einem weiten Kängurusprung über die Wiese.

Das Känguru im Baum kreischte: „He, Känguru, schau her! Schau her! Bin ich nicht ein wundervoller Hochspringer?“

Und das Känguru auf der Wiese brüllte: „Sieh mich an! Sieh mich an! Ich bin das tollste Känguru der Welt, weil ich am Weitesten springen kann.“

Aber beide haben gar nicht gemerkt, dass sie einander weder sehen noch hören konnten. Das eine Känguru hat viel zu hoch oben im Baum gehockt, und das andere hat viel zu weit weg zwischen den Blumen auf der Wiese gesessen.

So haben sie den ganzen Tag verbracht und geschrien und geschrien, bis ihnen die Stimme weggeblieben ist. Da wurde es plötzlich ganz still, und die beiden begannen, nachzudenken.

An dieser Stellen brechen Sie die Geschichte ab und bitten die Kinder, die Geschichte zu besprechen. Mögliche Fragen dazu: Kennt ihr solche Situationen? Haben die beiden sich richtig verhalten? Was war gut, was war nicht so gut? Was tut ihr, wenn ihr es mit einem Angeber zu tun habt? Welches Ende kann es für die Geschichte geben?

Bitten Sie die Kinder auch, das Ende zu spielen. Je zwei Kinder bilden ein Kängurupaar, das die Situation nachspielt und dabei ein eigenes Ende entwickelt.

Füttern

Alter: ab 3 Jahren
Mitspieler: 1 Kind
Spieldauer: ca. 5 Minuten
Material: 2 Augenbinden, 2 Teller mit Wackelpudding o. Ä., 2 Löffel

Die Spielpartner – Kind und Erwachsener – sitzen mit verbundenen Augen am Tisch gegenüber und füttern sich gegenseitig.

Der blinde Roboter

Alter: ab 4 Jahren
Mitspieler: ab 1 Kind
Spieldauer: ca. 5 Minuten

Das Kind stellt einen blinden Roboter dar. Dieser Roboter reagiert auf Bewegungen. Berührt der Erwachsene die rechte Schulter des Roboters, dann dreht er sich um 90° nach rechts (machen Sie das dem Roboter einfach vor). Berührt er seine linke Schulter, marschiert er nach links. Wird er am Rücken berührt, geht der Roboter rückwärts und wenn er leicht am Kopf berührt wird, bleibt er stehen.

Das Pendel

Alter: ab 4 Jahren
Mitspieler: 1 Kind und beide Elternteile/zwei Erwachsene
Spieldauer: 3 Minuten

Das Kind steht so zwischen den Eltern, dass es einen Elternteil anschaut und dem anderen den Rücken zukehrt. Das Kind macht es sich steif wie ein Brett und lässt sich dann nach vorne fallen. Mama und Papa fangen ihr Kind auf und wiegen es hin und her. Das Spiel erfordert ein hohes Maß an Vertrauen. Es sollte von Ihrem Kind freiwillig gespielt werden. Überreden ist nicht angesagt.

Rollentausch

Alter: ab 3 Jahren
Mitspieler: 1 Kind
Spieldauer: 1–4 Stunden

Erwachsener und Kind einigen sich darauf, für einen längeren Zeitraum die Rollen zu tauschen. Das Kind darf Papa oder Mama sein oder überhaupt den „Bestimmer“ spielen. Klären Sie aber vorher ab, was absolut nicht erlaubt ist.

Rasierschaumbilder

Alter: ab 3 Jahren
Mitspieler: 1 Kind
Spieldauer: ca. 10 Minuten
Material: schwarze Folie, Rasierschaum

Ein Kind und ein Erwachsener gestalten abwechselnd und gemeinsam fantasievolle Bilder aus Rasierschaum auf der schwarzen Folie.

Dachbodenverstecken

Alter: ab 4 Jahren
Mitspieler: ab 2 Kindern
Spieldauer: ca. 15 Minuten

Nachdem der Dachboden, eine Lagerhalle oder ein anderer großer Raum auf seine Spieleignung hin untersucht wurden, verstecken sich die Kinder dort. Die Erwachsenen dürfen suchen.

Erkennungsspiel

Alter: ab 6 Jahren
Mitspieler: ab 1 Kind
Spieldauer: ca. 15 Minuten
Material: evtl. Augenbinde

Gehen Sie mit dem Kind durch den Garten oder einen Park. Zeigen Sie ihm die Bäume, markante Steine, Büsche usw. Dann wiederholen Sie den gemeinsamen Spaziergang. Nun hält das Kind aber die Augen geschlossen. An einem besonders markanten Punkt angelangt, betastet und beschnuppert es nun den Gegenstand (z. B. den besonderen Baum). Hat das Kind alles erfasst, geht es zurück an den Ausgangspunkt. Nun öffnet es die Augen wieder und versucht, den Punkt mit geöffneten Augen wiederzufinden. Anschließend können die Rollen getauscht werden.

Schlafen unterm Sternenhimmel

Alter: ab 4 Jahren
Mitspieler: ab 2 Kindern
Spieldauer: eine Nacht
Material: Isomatten, Decken, Schlafsäcke, Taschenlampe, evtl. Handy

Nichts ist aufregender, als einmal unter dem Sternenhimmel zu schlafen. Die Erwachsenen dürfen zuschauen, wie die Kinder im Garten unter einem Baum oder auf der Terrasse eine Schlafstelle mit warmen Schlafsäcken und Isomatten herrichten. Dort verbringen die Kinder eine Nacht, während die Erwachsenen in erreichbarer Nähe nächtigen. Vielleicht schlagen sie ihr Lager im Wohnzimmer auf? Die Kinder dürfen auch ein Handy mitnehmen.

Mit wilden Kerlen sollte man unbedingt:

- eine Höhle bauen,
- eine Feuerstelle errichten,
- am Lagerfeuer sitzen,
- auf einem Bauernhof die Tiere füttern,
- eine Nacht im Zelt verbringen,
- einen Baum pflanzen,
- sich gegenseitig Gute-Nacht-Geschichten erzählen,
- gemeinsam ein Essen zubereiten,
- über viele Pfützen springen,
- ein Stück Holz mit einem Schnitzmesser bearbeiten,
- eine Kerze anzünden und mit nassen Fingern ausdrücken,
- eine Spinne im Zimmer vorsichtig einfangen und ins Freie tragen,
- auf einen Baum klettern.

Sie können für Ihren wilden Kerl ein Mut-Tagebuch anfertigen. In das malt das Kind seine Wünsche und seine vollbrachten mutigen Taten. Sie dürfen gerne helfen.

Laubhaufen toben

Alter: ab 3 Jahren
Mitspieler: ab 1 Kind
Spieldauer: ca. 10 Minuten

Es gibt nichts Schöneres, als in einem Laubhaufen zu toben. Wenn Erwachsene sich daran beteiligen und nicht nur am Rand stehen und zuschauen, macht das Spiel besonders viel Spaß. Man kann in das Laub springen, man kann sich darin verstecken, damit sich und andere bewerfen und noch viele andere Dinge mehr.

Kirschkernweitspucken

Alter: ab 4 Jahren
Mitspieler: ab 1 Kind
Spieldauer: ca. 10 Minuten
Material: Kirschen

Kirschkernweitspucken gehört zu den Disziplinen, in denen Kinder häufig den Erwachsenen überlegen sind, sich zumindest aber fair mit ihnen messen können.

Das Spiel ist ganz einfach, und am besten zur Kirschenzeit im Freien zu spielen: Eine Tüte Kirschen und los geht es. Wer kann am weitesten spucken?

Bola-Springen

Alter: 4 Jahre
Mitspieler: ab 1 Kind
Spieldauer: 5–10 Minuten
Material: pro Paar ein ca. 3 m langes Seil und ein Sand- oder Reissäckchen

Am Ende des Seils wird ein Sand- oder Reissäckchen befestigt. Der Erwachsene lässt das Seil mit dem Säckchen am Ende langsam knapp über dem Boden kreisen – das haben früher die südamerikanischen Cowboys gemacht, um so die Kälber einzufangen; das Seil hat sich nämlich um ihre Beine gewickelt. Ein wilder Kerl kann aber fantastisch springen, er bzw. sie hüpft über das Seil.

Man kann es auch mit mehreren Kindern versuchen und gleich zwei oder drei Kinder über das Bolaseil springen lassen.

Vom Stuhl hüpfen

Alter: ab 4 Jahren
Mitspieler: ab 1 Kind
Spieldauer: ca. 3 Minuten
Material: Stuhl, Fernglas, Matte

Ein Kind steht mit einem Fernglas in der Hand auf einem Stuhl. Vor dem Stuhl liegt eine weiche Matte und neben dem Stuhl steht eine erwachsene Person, die Hilfestellung leistet. Das Fernglas wird vom Kind verkehrt herum gehalten. Dadurch wirkt der Abstand zwischen Stuhl und Matte unwirklich groß. Es ist eine große Mutprobe, trotzdem zu springen. Kurz vor dem Sprung gibt das Kind das Fernglas an den Erwachsenen.

Hinweis: Probieren Sie das Spiel erst einmal selber aus. Sie werden feststellen, auch Erwachsenen fällt es nicht leicht zu springen.

Her mit der Mütze

Alter: ab 3 Jahren
Mitspieler: ab 2 Kindern
Spieldauer: ca. 5 Minuten
Material: Mützen

Die Kinder haben eine Mütze auf dem Kopf. Dort soll sie auch bleiben. Der Erwachsene versucht, die Mütze vom Kopf zu klauen, aber die Kinder können ihre Mütze mit vielen Tricks verteidigen, sie dürfen auch innerhalb einer vorher ausgemachten Grenze abhauen. Nur Schlagen ist nicht erlaubt.

Gekonnt kokeln

Alter: ab 3 Jahren
Mitspieler: ab 1 Kind
Spieldauer: ca. 20 Minuten
Material: Streichhölzer, Kerzen, Gläser, Anmachholz, feuerfeste Untersetzer, Eimer mit Wasser, Löschdecke, Sand

Bevor Kinder beginnen, heimlich zu kokeln und sich damit in Gefahr zu bringen, sollten Sie gemeinsam Feuerexperimente machen. So lernen die Kinder die Gefahren kennen, wissen, welche Sicherheitsvorkehrungen im Umgang mit Feuer zu treffen sind und befriedigen gleichzeitig ihre Abenteuerlust und können sich mutig und stark fühlen. Die Lösung für die Beschäftigung mit dem Feuer lautet: Lernen statt verbieten!

Im Freien wird ein kleines Feuer entfacht, eventuell in einem Eimer, und mit Wasser gelöscht oder mit Sand oder einer Löschdecke erstickt. Zeigen Sie den Kindern auch

- wie sie ein Streichholz richtig entzünden und es dabei so halten, dass die Finger nicht verbrannt werden,
- wie sie das Hölzchen wieder löschen können (ausblasen, in ein Wasserglas fallen lassen, ersticken),
- wie sie eine Kerze anzünden können,
- wie man eine Feuerstelle aufbaut (in einem ca. 10 cm tiefen Erdloch).

Kinder werden eher vor Feuergefahren geschützt, wenn sie

1. die Gefahr kennen,
2. wissen, wie ein Feuer gelöscht werden kann,
3. sicher im Umgang mit Feuer sind.
4. sich an Regeln halten, die gemeinsam aufgestellt werden (niemals eine Flamme unbeaufsichtigt lassen, Feuer immer zuverlässig löschen, kein Feuer in der Nähe von brennbaren Gegenständen entfachen ...).

Kleine und große Kinder spielen seit jeher gerne mit dem Feuer. Es übt eine große Faszination auf Menschen aus, macht ihnen aber auch Angst – und das zurecht. Nur wer lernt, sicher mit Feuer, Streichhölzern, Kerzen und Co. umzugehen, kann Sicherheit im Umgang mit Feuer erlangen und verhindern, dass Panik ausbricht, wenn es einmal brennt.

Wilde-Kerle-Special

Im Mittelpunkt des Geschehens

Es gibt Momente im Leben kleiner wilder Kerle, die nach einer besonderen Aufmerksamkeit oder auch Belohnung verlangen. Das kann der Geburtstag sein oder eine besondere Leistung. Jetzt ist es an der Zeit, ein besonderes Beschäftigungsangebot zu unterbreiten, eine besondere Aktion, ein besonderes Spiel, eine Bastelarbeit, die außergewöhnlich und speziell für das wilde Kind erdacht ist.

Jedes Kind möchte gerne einmal im Mittelpunkt stehen, möchte ungeteilte Aufmerksamkeit erhalten, sich als einzigartig erleben und in seiner Individualität gestärkt werden. Durch besondere Aktionen sind Erfolgserlebnisse garantiert, wodurch das Selbstbewusstsein gestärkt wird. Das Kind erlebt auch seine Selbstwirksamkeit und es erfährt, dass es auf ungewöhnliche Weise kreativ sein kann.

In welcher Funktion Sie auch immer mit Kindern zu tun haben, Sie sollten unbedingt das Buch von den wilden Kerlen anschaffen, denn es ist trotz seines hohen Alters immer noch ein absoluter Bestseller und sehr geliebter Klassiker:
„Wo die wilden Kerle wohnen" (Maurice Sendac, Diogenes Verlag, Zürich 1967)

Wo die wilden Kerle wohnen

Alter: ab 3 Jahren
Mitspieler: ab 2 Kindern
Spieldauer: 20–30 Minuten
Material: Gong, Buch: Wo die wilden Kerle wohnen

Sie erzählen den Kindern die Geschichte der wilden Kerle und orientieren sich dabei an dem Buch von Maurice Sendac.

a. Die Geschichte können Sie nun als Mitmachgeschichte gestalten. In diesem Fall werden die Rollen verteilt und während Sie erzählen oder vorlesen, führen die Kinder ihre Rolle aus;
b. Sie veranstalten mit den Kindern ein Rollenspiel und bieten den Kindern dabei viele eigene Gestaltungsmöglichkeiten. Sie können es stundenlang und immer wieder spielen. Kinder lieben das Wildekerlespiel. In der Rolle des Max können sie Stärke zeigen und Macht übernehmen. Sie erfahren im Spiel wie es ist, die Regie über eine Handlung zu übernehmen und erkennen, dass die Rolle der Eltern nicht immer einfach ist.

Hinweis: Auf jeden Fall sollten Sie folgende Regeln beachten:
- Jedes Kind wählt seine Rolle selber aus.
- Auch wilde Kerle treten, schubsen, beißen und kneifen nicht.
- Wenn ein Kind aus dem Spiel aussteigen möchte, ist das in Ordnung.

Bodypainting

Alter: ab 3 Jahren
Mitspieler: ab 1 Kind
Spieldauer: ca. 45 Minuten
Material: wasserfeste Unterlage, Kleisterfarben oder andere ungiftige Farben, die eine cremige Konsistenz haben

Die Kinder tragen Badebekleidung oder sind nackt und bekommen mehrere Schälchen mit Farbe (am besten nur die Grundfarben oder zwei Farben zur Wahl). Mit diesen Farben dürfen sie nach Herzenslust experimentieren: den eigenen Körper verzieren oder sich gegenseitig anmalen.

Für dieses „Spiel“ benötigen die Kinder vor allen Dingen Zeit. Viele werden sich nur vorsichtig der Farbe nähern, weil sie es nicht gewohnt sind, mit Händen und Füßen zu malen. Nach einer Weile, wenn sie ihren ersten Hand- oder Fußabdruck gesehen haben, werden sie das Experiment aber genießen.

Körperbetonten Malaktionen sind nicht nur eine wunderbare sinnliche Erfahrung, sie bauen auch Berührungsängste ab und setzen Kreativität frei.

Gartenzaunbild

Alter: ab 3 Jahren
Mitspieler: ab 1 Kind
Spieldauer: ca. 30 Minuten
Material: längere Stoffstreifen aus farbigen alten Bettlaken oder andere bunte Stoffreste

Die bunten Stoffstreifen werden in einen Maschendrahtzaun „gewebt“. Gemeinsam wird vorab überlegt, was dargestellt werden soll und welche Farben dafür gebraucht werden.

Sperrmüllkunst

Alter: ab 5 Jahren
Mitspieler: ab 1 Kind
Spieldauer: 45–60 Minuten
Material: Bollerwagen, diverse Werkzeuge, Klebeband, Kordeln, Schere

Der Spaß beginnt mit einem frühmorgendlichen Sperrmüllspaziergang. Das allein macht Kindern schon einen riesen Spaß. Es werden Sperrmüllteile gesammelt, die zu Kunstobjekten verarbeitet werden können. Z. B. eine Fahrradfelge, in die alte Schlüssel, Kronkorken und bunte Bänder gehängt werden. Oder ein altes Radio, das in Einzelteile zerlegt wird, die zu einem Bild verarbeitet werden.

Malschaukel

Alter: ab 3 Jahren
Mitspieler: ab 1 Kind
Spieldauer: ca. 15 Minuten
Material: großer Bogen Packpapier, Fingerfarben

Das Kind liegt oder sitzt auf einer Schaukel. Unter der Schaukel ist das Papier ausgebreitet und mit Steinen oder Heringen befestigt. Das Kind taucht die Füße (wenn es auf der Schaukel sitzt) in die Farbe oder die Hände (wenn es auf der Schaukel liegt). Dann wird nach jeder Schaukelbewegung das Papier mit Händen oder Füßen bemalt.

Landartobjekte

Alter: ab 3 Jahren
Mitspieler: ab 1 Kind
Spieldauer: ca. 30 Minuten
Material: Körbe, bunte Kordeln und Bänder, buntes Papier, Naturmaterialien

Sammeln Sie gemeinsam mit den Kindern alles, was der Park oder der Wald so bietet: Steine, Zweige, verschiedene Blätter, Federn, Eicheln, Kastanien, Moos, Kienäpfel. Mit diesen Materialien können die Kinder Landartobjekte gestalten: Bilder, Muster, die auf den Boden gelegt werden. Sie können immer wieder verändert werden.

Diabilder

Alter: ab 3 Jahren
Mitspieler: ab 1 Kind
Spieldauer: ca. 15 Minuten
Material: Dias, Projektor, Folienstifte. Für die Variation, Overhead-Projektor, Folien, Folienstifte

Stöbern Sie irgendwo einen alten Diaprojektor auf und geben Sie den Kindern ein paar Folienstifte. Die Kinder bemalen die Glasrahmen mit den Folienstiften und betrachten später ihre Kunstwerke an der Wand.

Variation: Mit einem ausrangierten Overhead-Projektor aus der Schule lässt sich ähnlich arbeiten. Die Folien werden direkt auf dem Projektor mit den Stiften bemalt, das künstlerische Ergebnis ist sofort an der Wand sichtbar.

Wilde-Kerle-Papiertütentanz

Alter: ab 3 Jahren
Mitspieler: ab 1 Kind
Spieldauer: ca. 30 Minuten
Material: eine große Papiertüte, die über den Kopf gezogen werden kann, buntes Seidenpapier, Wollreste, Klebstoff, Scheren, Buntstifte, schnelle Musik-CD

Die Kinder basteln aus den Papiertüten einen Wilde-Kerle-Kopf. Zumindest die Löcher für die Augen müssen ausgeschnitten werden, außerdem werden auf jeden Fall oben in die Tüte Löcher geschnitten, damit genug Luft unter die Maske kommt. Ansonsten wird die Tüte mit Buntstiften, Stoff-, Papier- und Wollresten wild und fantasievoll gestaltet. Mit der Maske auf dem Kopf kann dann ein Wilde-Kerle-Tanz entwickelt werden.

Unumstößlich

Alter: ab 6 Jahren
Mitspieler: ab 2 Kindern
Spieldauer: ca. 3 Minuten

Ein wilder Kerl stellt sich in der Bankstellung, also in stabiler Positon auf Händen und Knien auf den Boden. Ein anderer wilder Kerl versucht ihn zu Fall zu bringen, ohne jedoch rabiat vorzugehen.

Bücher zum Weiterlesen

Ayres, A. Jean: **Bausteine der kindlichen Entwicklung.** Verlag Springer, Berlin / New York / Paris 1984

Bächle, Frank/ Heckele, Steffen: **999 Spiel- und Übungsformen im Ringen, Raufen und Kämpfen.** Verlag Hofmann, Schorndorf 2008

Beudels, Wolfgang / Anders, Wolfgang: **Wo rohe Kräfte sinnvoll walten: Handbuch zum Ringen, Rangeln und Raufen in Pädagogik und Therapie.** Verlag Modernes Lernen, Dortmund 2008

Brandt, Petra: **Erlebnispädagogik – Abenteuer für Kinder.** Verlag Herder, Freiburg 1998, S. 129 ff.

Grüger, Constanze / Wöstheinrich, Anne: **Bewegungsspiele für eine gesunde Entwicklung: Psychomotorische Aktivitäten für Drinnen und Draußen zur Förderung kindlicher Fähigkeiten und Fertigkeiten.** Verlag Ökotopia, München 2002

Kunze, Petra / Salamander, Catharina: **Rituale für Kinder.** Verlag Gräfe und Unzer, München 2008

Meier, Katrin: **Circus Bambini: Mit Zirkusprojekten ganzheitlich fördern.** Verlag Herder, Freiburg 2009

Murphy-Witt, Monika: **Was Jungen brauchen.** Verlag Gräfe und Unzer, München 2007

Portmann, Rosemarie: **Die 50 besten Spiele für mehr Sozialkompetenz.** Verlag Don Bosco, München 2008

Portmann, Rosemarie / Weinold, Felix: **Spiele zum Umgang mit Aggressionen.** Verlag Don Bosco, München 2004

Sendak, Maurice: **Wo die wilden Kerle wohnen.** Diogenes Verlag, Zürich 1967

Singer, Kurt: **Die helfende Beziehung.** In: klein & groß, Heft 2/1994, Oldenburg Schulbuchverlag GmbH, München

Sommerfeld, Verena / Huber, Barbara / Nicolai, Heidi / Schön, Bernhard / Krauß, Susanne: **Toben, raufen, Kräfte messen: Ideen, Konzepte und viele Spiele zum Umgang mit Aggressionen.** Verlag Ökotopia, Münster 1999

Stamer-Brandt, Petra: **Stark-mach-Spiele.** Verlag Christophorus, Freiburg 2004

Stamer-Brandt, Petra: **Wut-weg-Spiele.** Verlag Herder, Freiburg 2010

Stiefenhofer, Martin: **55 Tipps ... wie Ihr Kind zur Ruhe kommt.** Verlag Christophorus, Freiburg 2000

Zimmermann, Monika: **Kinder spielerisch zur Ruhe führen.** Verlag Gräfe und Unzer, München 2001

Spieleregister